Lotti Gygax

Gehäkelte Glasperlenketten

Anleitung, Vorlagen und Tips für eigene Entwürfe

Lotti Gygax

Gehäkelte Glasperlenketten

Anleitung, Vorlagen und Tips für eigene Entwürfe

MUSTER-SCHMIDT VERLAG · ZÜRICH · GÖTTINGEN

GROSSE MUSTER-SCHMIDT-STUDIOBÜCHER · BAND 11

Die Deutsche Bibliothek – CIP-Einheitsaufnahme

Gygax, Lotti:
Gehäkelte Glasperlenketten : Anleitung, Vorlagen
und Tips für eigene Entwürfe / Lotti Gygax. –
Muster-Schmidt, 1997
(Grosse Muster-Schmidt-Studiobücher ; Bd. 11)
ISBN 3-7881-5111-0

1. Auflage 1998

MUSTER-SCHMIDT VERLAG · ZÜRICH · GÖTTINGEN

Inhaltsverzeichnis

Vorwort

Sah ich in der Schmuckschatulle meiner Mutter die erste Glasperlenkette? Meiner Erinnerung nach war sie schwarzgrundig und mit klaren Farben gemustert (gelb, rot, grün), mit losen Zottelenden verziert und mit einem Schieber versehen. Meine Mutter kann sich leider nicht erinnern.

Als mir vor vielen Jahren eine Anleitung für Glasperlenketten in die Hände kam, hatte ich jedenfalls sofort große Lust, diese Handarbeit auszuprobieren. Daß ich nach der Anleitung zu keinem Resultat kam, enttäuschte mich sehr. Aber noch bevor ich Gelegenheit (und den Mut) hatte, an der „Quelle" der Anleitung nachzuforschen, sah ich bei einem Besuch meine Nichte eifrig an einer Perlenkette häkeln. Und rasch wurde mir klar, warum die Anleitung mich versagen ließ: Es war mir nicht bewußt geworden, daß die Perlen auf die Rückseite zu liegen kommen; daß ich also vom Schlauchinnern her arbeiten muß.

Nach diesem Aha-Erlebnis fertigte ich in kurzer Zeit einige Geschenkketten mit kleinen Streumustern an. Einige Zeit später lud mich eine Bekannte in eine Frauengruppe ein, die sich im Moment mit der Verarbeitung von Glasperlen befaßte. Und bei dieser Gelegenheit hat es mich richtig gepackt. Ich habe verschiedene Techniken ausprobiert, aber meine Vorliebe ist bis heute das Perlenhäkeln geblieben. Und das Austüfteln von neuen Mustern, wobei ich lernen mußte, daß weniger oft mehr ist.

Vorübergehend war ich fast süchtig und auf Flohmärkten hinter günstigen, interessanten Raritäten her. Aber die schönen Arbeiten sind Sammlerstücke mit entsprechenden Preisen. Heute habe ich eine Sammlung von alten Perlen, teilweise winzig kleine, wie sie zur Jahrhundertwende verarbeitet wurden. Trotzdem arbeite ich mehrheitlich mit neuen Perlen, die ja häufig nicht mehr aus Glas sind. Neuerdings versuche ich auch bei Auslandsaufenthalten Perlen aufzutreiben. Es gibt so viele Farben, und doch, wenn ich einen Auftrag erhalte, nach einer Farbvorlage eine Kette herzustellen, habe ich oft meine liebe Mühe, die passenden Farben in der richtigen Größe zu finden.

Zum Stichwort Größe: Bei Linienmustern oder einzelnen Streuperlen spielen kleine Größenunterschiede keine Rolle. Sind hingegen bei flächigen Mustern die Perlen einzelner Farben größer, verliert die Kordel ihre runde Form und wird zur „schlecht gestopften Wurst". Ob dies als spezieller Effekt bewußt eingesetzt werden kann, muß ausprobiert werden. Erst sehr große Erfahrung erspart unnütze Versuche, und soweit bin auch ich noch nicht.

Nun wünsche ich Ihnen herzlich einen guten Einstieg in diese schöne Tätigkeit und sehr viel Freude beim Ausführen Ihrer Projekte.

Material

Perlen-Nadel (sehr dünne, lange Nähnadel)

Perlen + Garn + Häkelnadel in zueinanderpassender Stärke

z.B. Häkelnadel Nr. 1.25
Perlen Nr. 9 oder 10
Perlgarn Nr. 8

Die Farbe des Garnes eher dunkler als Perlenfarben wählen. Bei durchsichtigen Perlen kann sich die Farbe der Perlen je nach Garnfarbe verstärken oder verändern.

Die Perlenfarben können auch je nach benachbarter Farbe andersfarbig erscheinen.

Eine kurze Kette (ca. 42 cm) benötigt 3 – 4 Döschen Perlen, je nach Umfang der Kette, Größe der Perlen und selbstverständlich je nach Dosengröße.

Technik allgemein

Für eine Kette mit *schräg*stehenden Perlen arbeiten wir mit festen Maschen. Wir häkeln im Prinzip einen Schlauch. Da die Perlen auf die Arbeitsrückseite zu liegen kommen, müssen wir mit der Häkelnadel vom Innern des Schlauchs gegen außen stechen.

Außer in Sonderfällen (Abnehmen) fassen wir nur ein Glied der Maschen auf, und zwar dasjenige, das näher bei den Perlen liegt.

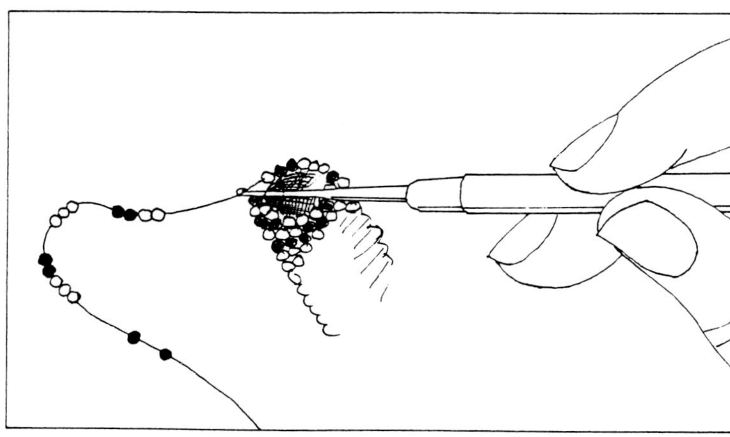

Ist zwischen den Perlen das Garn gut sichtbar, so stimmt das Verhältnis Garn / Häkelnadel / Perlen nicht.

Für eine Kette mit *gerade*stehenden Perlen arbeitet man mit Kettmaschen und sticht *neben* den Perlen unter das Garn, das direkt aus der Perle kommt.

Alle Muster in diesem Buch beziehen sich auf die erste Technik mit festen Maschen und schrägstehenden Perlen.

Das Vorgehen

Zuerst müssen Sie Perlen auf das Garn auffädeln. Fädeln Sie den Anfang des Knäuels in die Nadel ein: *Keinen Nähtling abschneiden!*

Tip: Wenn Sie das Garn nicht in die dünne Nadel einfädeln können, nehmen Sie einen dünnen, reißfesten Nähfaden, fädeln diesen in das Öhr, knüpfen mit *kleinem* Knoten eine Schlaufe (3 – 5 cm) und hängen das Häkelgarn in diese Schlaufe.

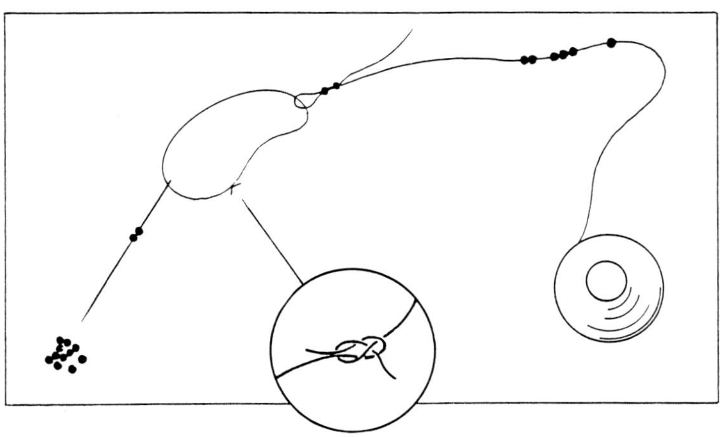

Sehr gut lassen sich Perlen auf einem harten Filz oder auf einem weichen Karton auffädeln.

Da die Perlen beim Häkeln immer weiter geschoben werden müssen (Garnverbrauch durch das Häkeln), reihen Sie nur ungefähr 100 – 150 cm Perlen auf. Bei gemusterten Ketten immer Rapport beenden, damit der Anschluß stimmt.

Das Häkeln von einfarbigen Ketten ist anfangs heikler, weil sich Abweichungen (Fehler) im Umfang nicht durch Musterfehler erkennen lassen.

Probestück

Für einen ersten Versuch wählen Sie zwei verschiedene Farben mit großem Kontrast und fädeln wie folgt auf:

2 Perlen Farbe A ..., 2 Perlen Farbe B ..., 2 Perlen Farbe A ..., 2 Perlen Farbe B ..., usw.
Setzen Sie für A und B Ihre Farben ein.

Wenn Sie eine Reihe Perlen von etwa 100 cm Länge auf dem Garn haben, können Sie mit Häkeln beginnen. Schieben Sie die Perlen gegen den Knäuel und häkeln Sie 15 Luftmaschen. Mit einer Kettmasche zum Ring schließen. Nehmen Sie diesen Ring so zwischen Daumen und Mittelfinger der linken Hand, daß Sie für die nächste Masche vom Innern des Rings gegen außen stechen. Wahlweise können Sie nun einige Touren ohne Perlen häkeln oder direkt mit Perlen-Einhäkeln beginnen.

Immer vom Innern des Schlauchs gegen außen stechen, da die Perlen auf die „Rückseite" zu liegen kommen.

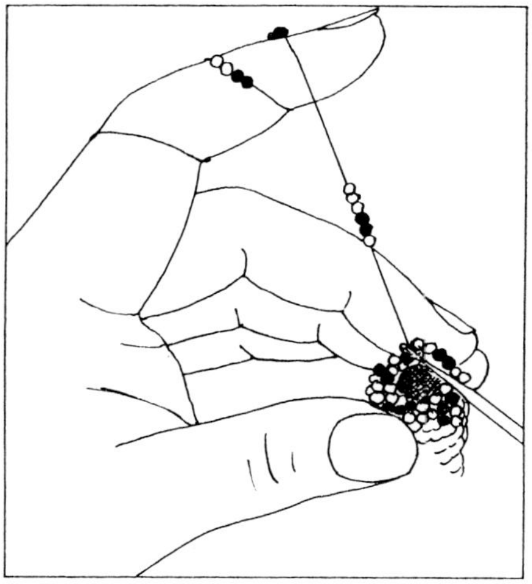

Nun das Einhäkeln im einzelnen:
Einige Perlen zwischen Zeigefinger und Arbeitsstück schieben. Häkelnadel in die nächste Masche (nur ein Maschenglied fassen) einstechen, eine Perle an die Arbeit schieben, neben dieser Perle (gegen den Zeigefinger) das Garn mit der Häkelnadel fassen und durchziehen (Sie haben jetzt zwei Schlaufen auf der Häkelnadel), feste Masche fertigmachen.
– Wiederholen.

Bei einer Anordnung von zwei Farben mit je zwei Perlen und 15 Perlen Umfang verschieben sich die Farben von Runde zu Runde um eine Perle. D. h. die 16. Perle (Farbe B) kommt über die 1. Perle (Farbe A) zu liegen. Es gilt: Die 1. Perle je Farbe liegt über der gleichen Farbe, die zweite Perle je Farbe liegt über der Gegenfarbe.

Stellen Sie eine Abweichung von dieser Regel fest, so, hat sich ein Fehler eingeschlichen: Umfang größer / kleiner geworden oder Perlen falsch aufgefädelt.
Siehe Kapitel „Fehler korrigieren" Seite 14

Wenn Sie Schwierigkeiten haben mit der Ausführung, machen Sie vielleicht besser zuerst eine Probe mit noch größerem Umfang: 19; 23; 27; 31 usw. Luftmaschen. Sie können auch zuerst einen runden Boden ohne Perlen häkeln und dann mit einem Schlauch weiterfahren. So entsteht ein kleiner Beutel.

Einhäkeln

Sie schieben die letzte Perle auf dem Garn an die Arbeit, holen das Arbeitsgarn durch die nächste Masche und lassen beide Schlaufen auf der Häkelnadel.

Garn abschneiden: 8 – 10 cm stehenlassen.

Wieder 100 – 150 cm Perlen auffädeln. Bei Mustern auf Anschluß achten!

Angefangene feste Masche beenden, indem Sie den *doppelten* Faden (Ende des abgeschnittenen und Anfang des neuen Garns) durch die beiden Schlaufen auf der Häkelnadel ziehen. Mit dem neuen Garn weiterhäkeln. Wenn die nächste Runde bis über die Einhäkelstelle gearbeitet ist, die beiden Enden verknoten und in den Schlauch zurückziehen oder -stoßen.

Fehler korrigieren

Es empfiehlt sich, immer wieder Umfang oder Muster zu kontrollieren.

Wenn das Muster nicht mehr stimmt, die Reihenfolge der aufgefädelten Perlen aber richtig ist, muß sich der Umfang verändert haben. Auflösen, bis Muster und Umfang wieder richtig sind, und besonders aufmerksam weiterhäkeln.

Wenn die Reihenfolge der aufgefädelten Perlen falsch ist, ungefähr 10 cm von der Arbeit entfernt Garn abschneiden, falsche Perlen auswechseln, einhäkeln.

Kleine Fehler korrigieren (nur 1 Perle zuviel oder zuwenig)

Eine Perle zuviel aufgefädelt: Überflüssige Perle mindestens 10 cm von der Arbeit wegschieben und *neben* dem Faden mit Zange zerquetschen. *Unbedingt Augen schützen (Splitter).*

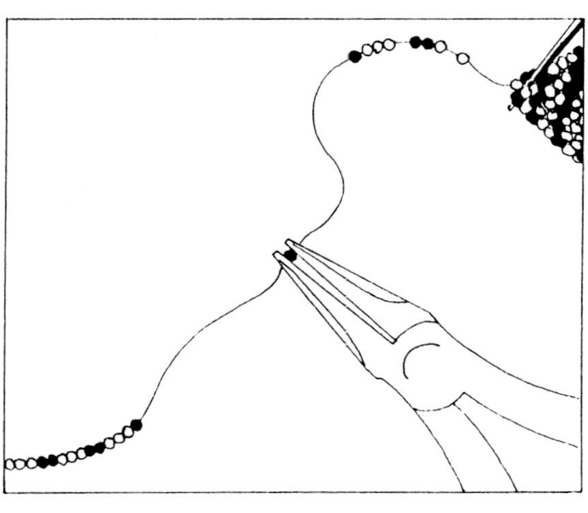

Eine Perle zuwenig aufgefädelt:

Eine feste Masche ohne Perle häkeln; nach 2 – 3 Runden kontrollieren, ob die „Mogelei" nicht auffällt.

Wenn die leere Stelle störend ist, entweder bis zum Fehler auftrennen, Faden abschneiden (10 cm stehen lassen), fehlende Perle auffädeln und einhäkeln. Oder aber nachträglich dort eine Perle einnähen.

Praktischer Hinweis

Eine Perlenkette muß auch nicht über die ganze Länge den gleichen Umfang (die gleiche Dicke) aufweisen.

Hinzufügen

In der vorhergehenden Runde – an der durch das Muster notwendigen Stelle – eine feste Masche *ohne Perle, in das gleiche Glied* wie die letzte feste Masche mit Perle häkeln.

Wegnehmen

Ein Maschenglied überspringen, für die nächste feste Masche (mit Perle) *beide* Maschenglieder aufnehmen.

Wenn Sie im Probestück (2 Perlen Farbe A / 2 Perlen Farbe B) auf- oder abnehmen, sehen Sie, wie sich das Muster dadurch verändert.

(Erklärung der Darstellung siehe S. 20).

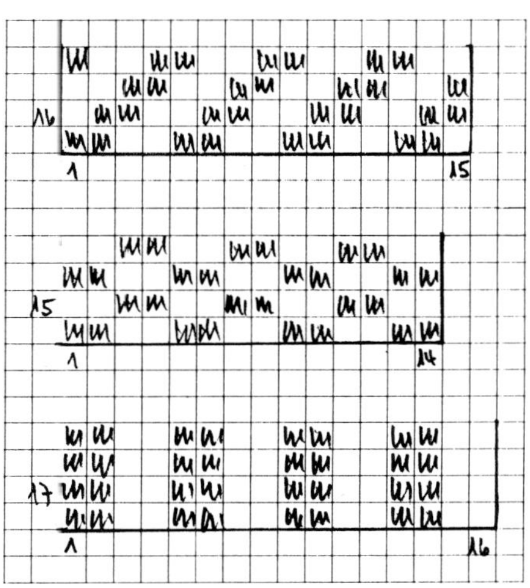

Fertigstellen

Wenn Ihre Kette die gewünschte Länge hat, Faden abschneiden (mindestens 10 cm stehen lassen) und durch die letzte Masche ziehen.
Beide Fadenenden je mit einem Knopflochstich sichern und ins Innere ziehen.

Bei langen Ketten (länger als Kopfumfang) können die Enden

- entweder zusammengenäht
- oder mit Zotteln versehen werden. Bei Enden mit Zotteln halten wir die beiden Teile mit einem Schieber zusammen (siehe Abbildung S. 19)

Die Arbeitsanleitung für Zotteln und Schieber finden Sie auf den folgenden Seiten.

Bei kürzeren Ketten müssen Sie einen Verschluß anbringen:

- Gekauften Verschluß (aus dem Bastel- oder Spezialgeschäft) anbringen.
- Vielleicht kennen Sie eine Gold-/Silberschmiedin, die Ihnen einen individuellen Verschluß ausführt?
- Großen Druckknopf (Durchmesser = Dicke der Kette) annähen,
- evtl. Abdeckung über Druckknopf nähen. (Abbildung S. 60 und 71)

  Anleitung siehe Abschlußarbeiten S. 17

Abschlußarbeiten

1. Gefädeltes Perlenband als

- Abdeckung für Druckknopf: Größe = Umfang der Kette
- Schieber für lange Kette: Größe = Umfang über doppelte Kettte (satt!)

Vorgehen in beiden Fällen:

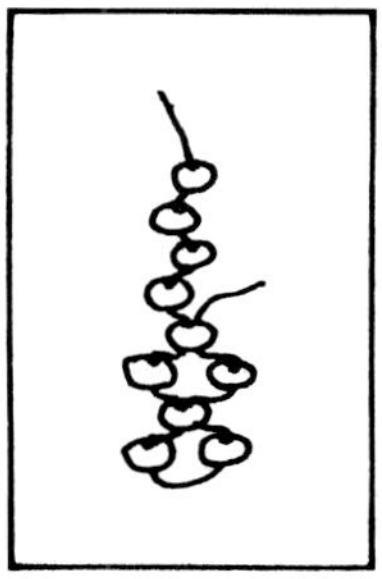

Anfang + 1. Wenden

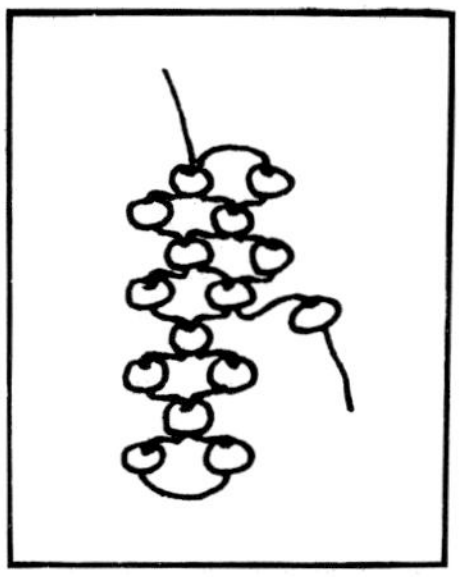

2.Wenden

Entsprechend weiterfahren bis zur gewünschten Länge.

Zur Runde schließen:

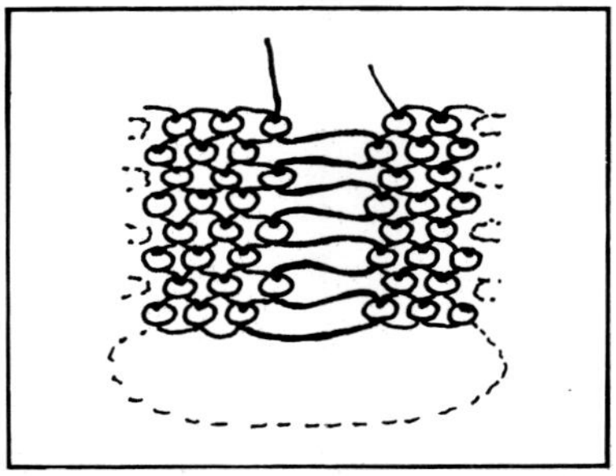

links: die letzten 5 Reihen rechts: die ersten 4 Reihen

Satt anziehen, Enden verknoten und vernähen.

2. Beispiele für Zotteln an langen Ketten

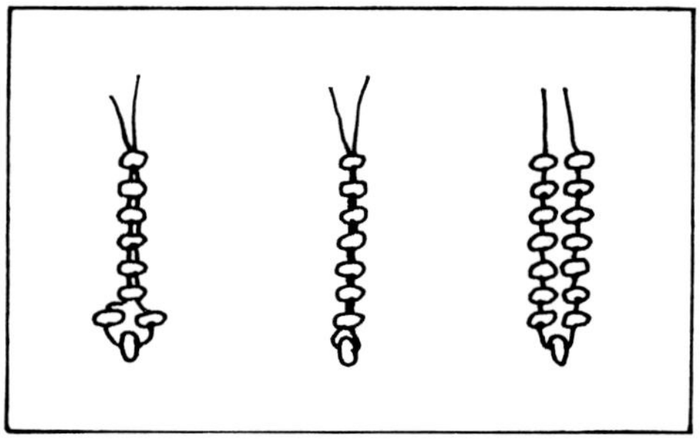

Nach Abbildung ausführen und an Kette annähen.

Länge und Anzahl der Zotteln beliebig.
Ausführung ein- oder mehrfarbig.

Damit die Zotteln locker hängen, Garn nicht zu satt anziehen.

Darstellung der Muster

Der Entwurf, bzw. die Vorlage entsteht auf kariertem Papier:
1 Quadrat = 1 Perle
Verschiedene Zeichen entsprechen verschiedenen Farben.

Es ist zu beachten:

- Die Breite der Vorlage entspricht dem Umfang der Kette. An der Kette ist also jeweils nur ein Teil sichtbar.
- Wenn sich das gleiche Muster immer wiederholt (Rapport), muß nicht die ganze Länge der Kette aufgezeichnet werden. Es empfiehlt sich aber, auf jeden Fall mehrere Rapporte zu zeichnen.
- Die Perlen, die im Entwurf senkrecht übereinanderstehenden Quadraten entsprechen, liegen bei der gehäkelten Kette in einer *schrägen* Linie von unten rechts nach oben links (Grundmuster Bsp. 2, S. 23).
  Dies hat natürlich einen Einfluß auf das Erscheinungsbild der Muster.
- Da in Spiralen gearbeitet wird, ergibt sich der Anschluß (b) links immer eine Linie *höher*, als er rechts über die Abgrenzung hinaus (a) zu liegen käme,

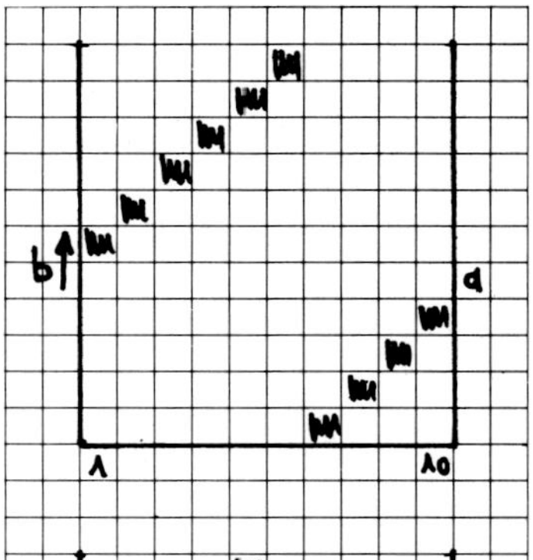

- ... bzw. eine Linie *tiefer* (b), als er links über die Abgrenzlinie hinaus (a) zu liegen käme.

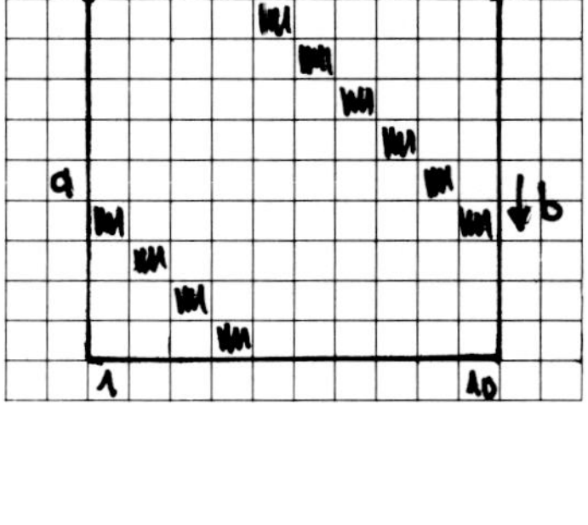

Das Auffädeln der Perlen nach einem Entwurf auf kariertem Papier

Wir erinnern uns:

- 1 Quadrat = 1 Perle
- Verschiedene Zeichen = verschiedene Farben

Sie beginnen mit dem Auffädeln der Perlen beim Entwurf *oben rechts* und fahren Quadrat für Quadrat nach *links* weiter und dann zeilenweise von *oben* nach *unten* (und jede Zeile weiterhin von rechts nach links).

Die kleinen Zahlen am unteren Rand der Vorlagen entsprechen der 1., 15., 16. Perle beim Häkeln.

Zur Erinnerung:

Da die Perlen durch das Häkeln auf die *„Rückseite“* zu liegen kommen, bearbeiten wir die Vorlage sozusagen von hinten. Deshalb ist die erste zu häkelnde Perle immer in der untersten Reihe links.

Beispiel:

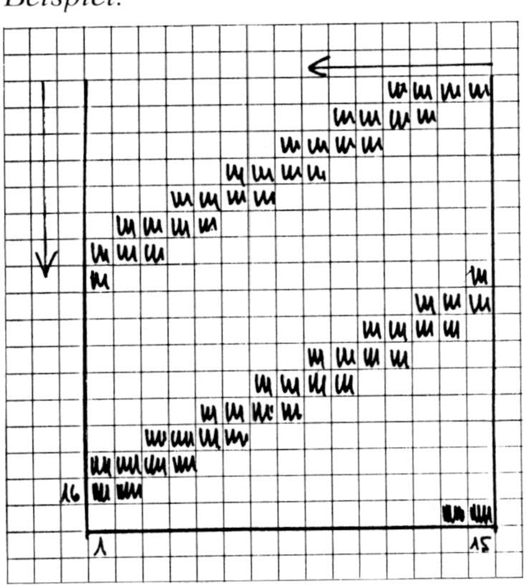

auffädeln!

Bei diesem Beispiel wären also aufzufädeln:

4 Perlen dunkel, 13 Perlen hell (von * zu * wiederholen!).

Der Farbrapport beträgt 17 Perlen, der Umfang 15 Perlen.

Es gibt folgende Möglichkeiten, die Muster nach Vorlagen umzusetzen:

- Kopie des Entwurfs bzw. der Vorlage herstellen und diese den Perlenfarben entsprechend farbig ausmalen.
- Sich einen „Schlüssel" herstellen, d.h. sich eine Liste machen, welches Zeichen welcher Farbe entspricht.
- Auf oder in den Perlendosen das entsprechende Zeichen anbringen.
- Sie können direkt ab Vorlage ablesen und auffädeln (nicht vergessen: Von oben nach unten, von rechts nach links lesen)
- Sie können sich Anzahl der Perlen und Reihenfolge der Farben pro Rapport herausschreiben und nach diesen Angaben auffädeln.

Wo bei den Beispielen in diesem Buch das Herausschreiben ausgeführt ist (unter:„Auffädeln:"), gilt:
Wie normalen Text von oben links nach unten rechts lesen.

Bei langen Rapporten eher direkt nach der Vorlage auffädeln und jede ausgeführte Reihe durch Abhaken bezeichnen.

Je mehr Geduld und Konzentration Sie beim Auffädeln der Perlen aufbringen, desto weniger Fehler müssen Sie beim Häkeln korrigieren.

Grundmuster

Entwurf: *Auffädeln:* *Muster:* *Bsp.:*

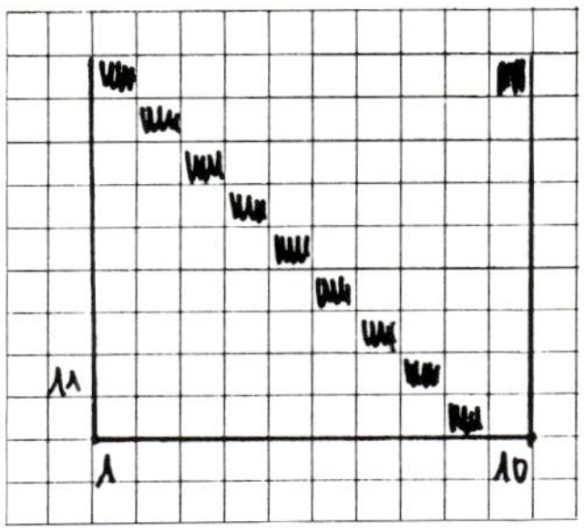

1 schwarz / 8 weiß
Farbrapport: 9
Umfang: 10

1

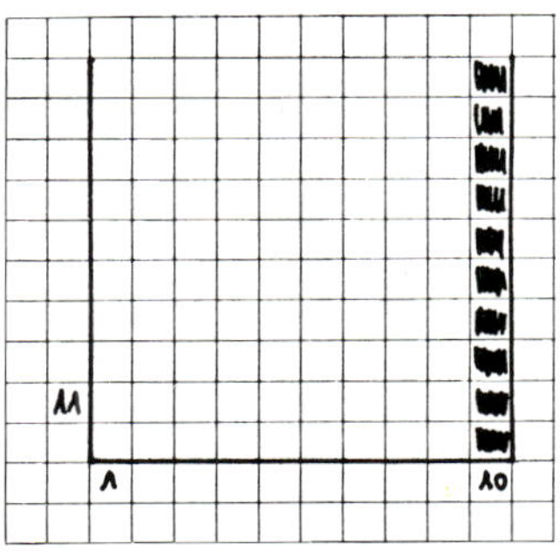

1 schwarz / 9 weiß
Farbrapport: 10
Umfang: 10

2

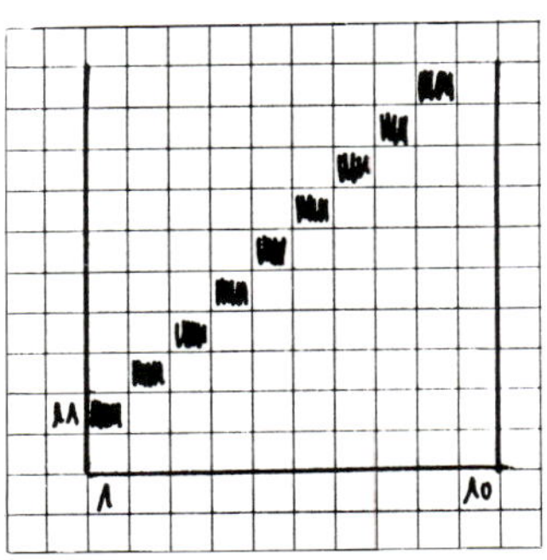

1 schwarz / 10 weiß
Farbrapport: 11
Umfang: 10

3

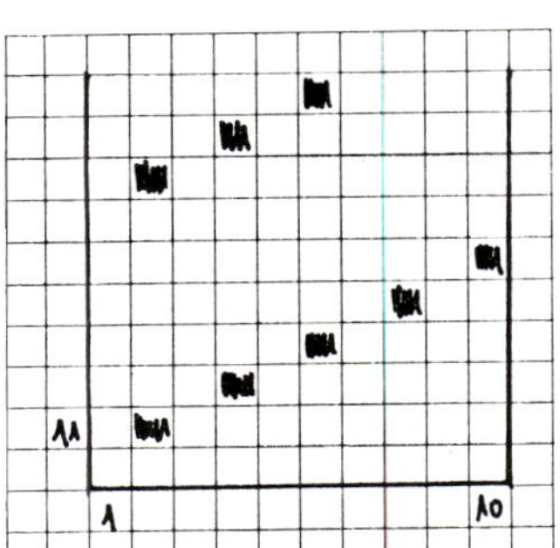

1 schwarz / 11 weiß
Farbrapport: 12
Umfang: 10

4

Grundmuster

Entwurf:	*Auffädeln:*	*Muster:*	*Bsp.:*
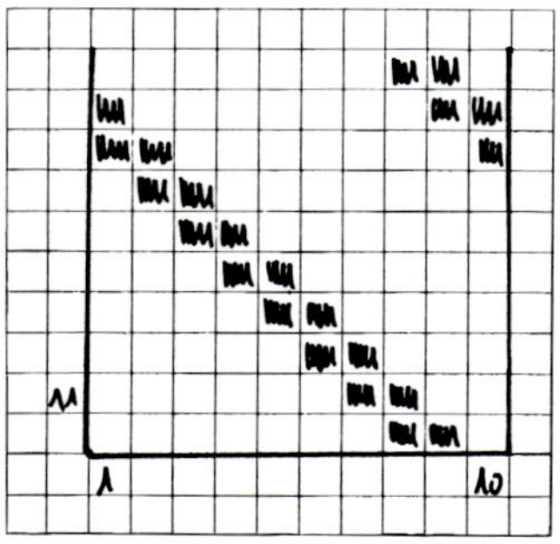	2 schwarz / 7 weiß Farbrapport: 9 Umfang: 10		5
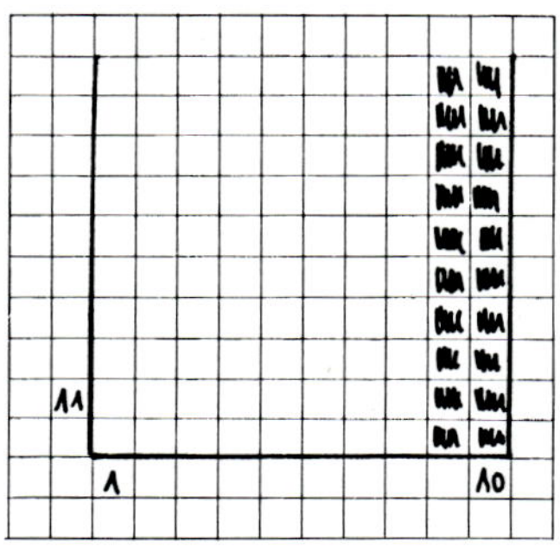	2 schwarz / 8 weiß Farbrapport: 10 Umfang: 10		6
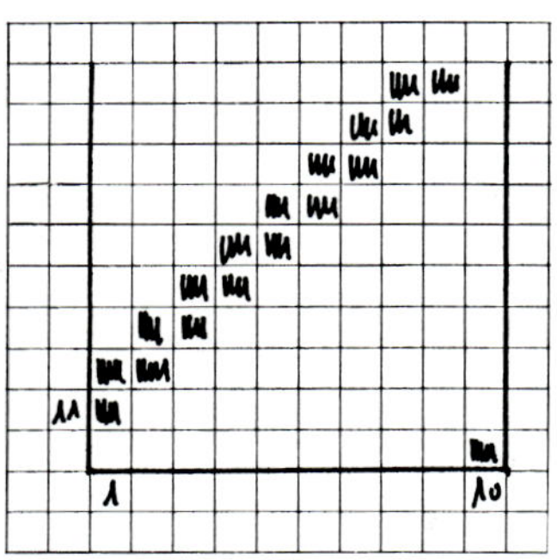	2 schwarz / 9 weiß Farbrapport: 11 Umfang: 10		7
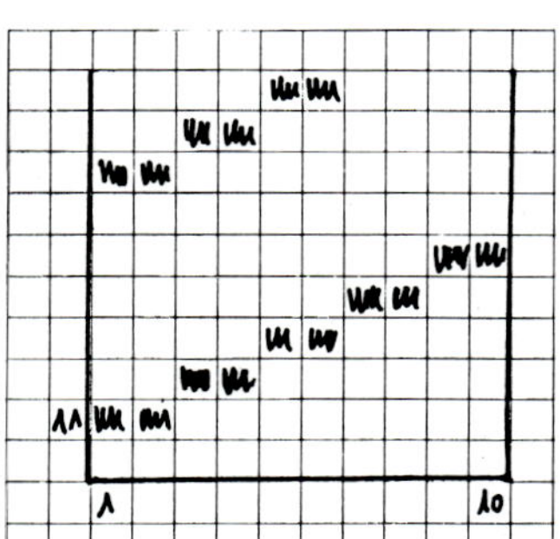	2 schwarz / 10 weiß Farbrapport: 12 Umfang: 10		8

Variante zum Grundmuster Bsp. 6

Entwurf: *Auffädeln:* *Muster:* *Bsp.:*

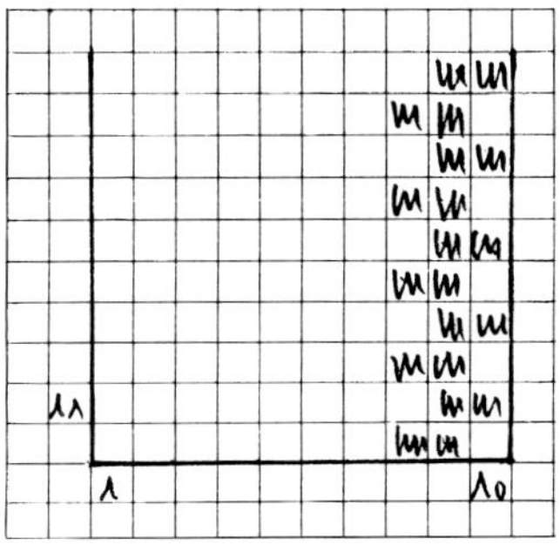

2 schwarz / 9 weiß /
2 schwarz / 7 weiß
Farbrapport: 20
Umfang: 10

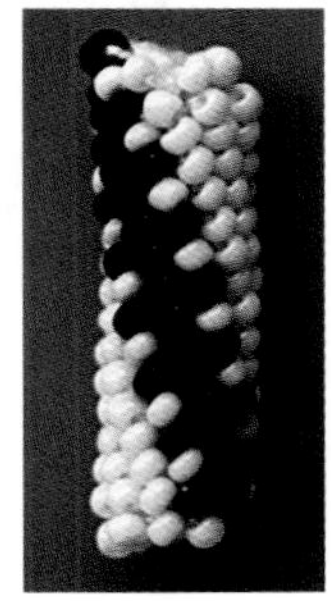

9

Wenn wir als nächsten Schritt die schwarze Zeichnung eines Grundmusters zweimal (oder mehrmals) pro Umfang ausführen möchten, können sich Schwierigkeiten ergeben:

Damit wir zwischen den schwarzen Mustern immer den gleichen Abstand in weiß erhalten, müssen wir oft den Umfang anpassen (vergrößern oder verkleinern).

zu Bsp. 7: zweimal

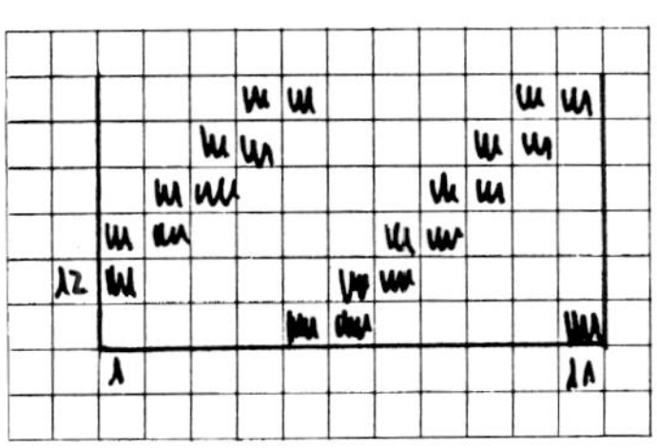

2 schwarz / 4 weiß
Farbrapport: 6
Umfang: 11

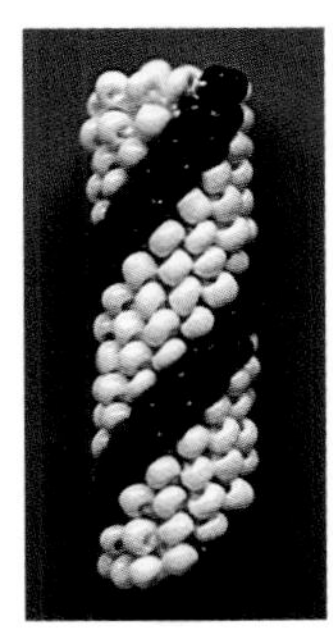

10

zu Bsp. 7: dreimal

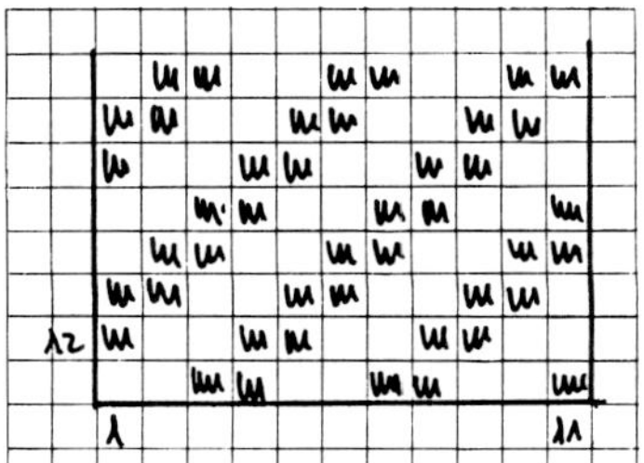

2 schwarz / 2 weiß
Farbrapport: 4
Umfang: 11

11

Bei der Variante / Bsp. 9 genügt die Umfanganpassung aber nicht, da die Abstände bei dieser Musteranordnung und durch die Verschiebung (Spiralhäkeln) immer ungleich bleiben.

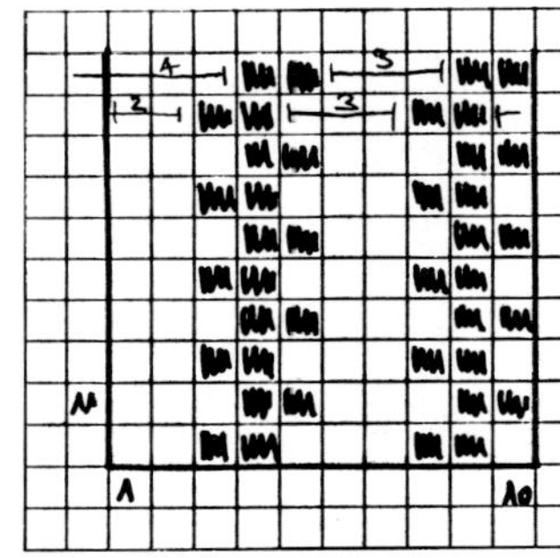

Aber wir können das Muster anpassen:

Entwurf:	*Auffädeln:*	*Muster:*	*Bsp.:*
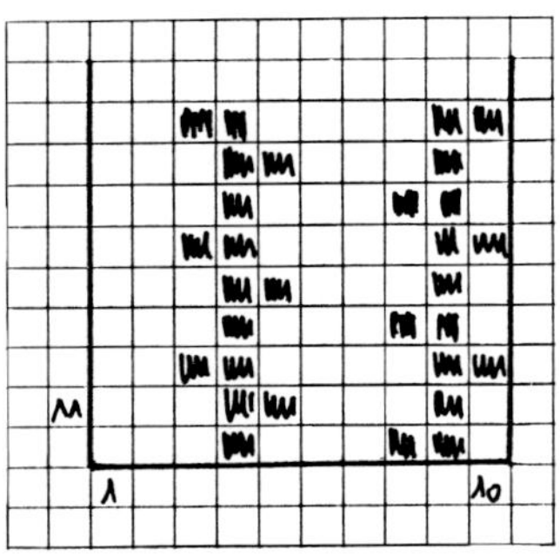	2 schwarz / 4 weiß / 2 schwarz / 3 weiß/ 1 schwarz / 3 weiß Farbrapport: 15 Umfang: 10		12

Kombinieren von zwei Grundmustern mit Wiederholung und Anpassung des Umfanges:

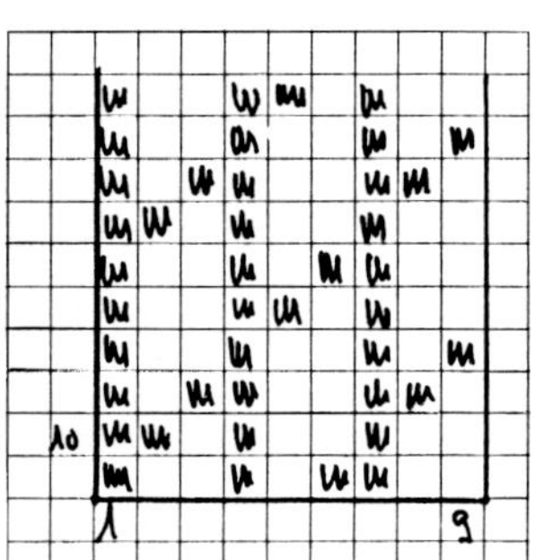	2 weiß / 1 schwarz / 1 weiß / 2 schwarz / 2 weiß / 2 schwarz / 1 weiß / 1 schwarz 2 weiß / 1 schwarz Farbrapport: 15 Umfang: 9		13

Muster zum Nacharbeiten

Beispiel 14 (entspricht Probestück)

Entwurf:

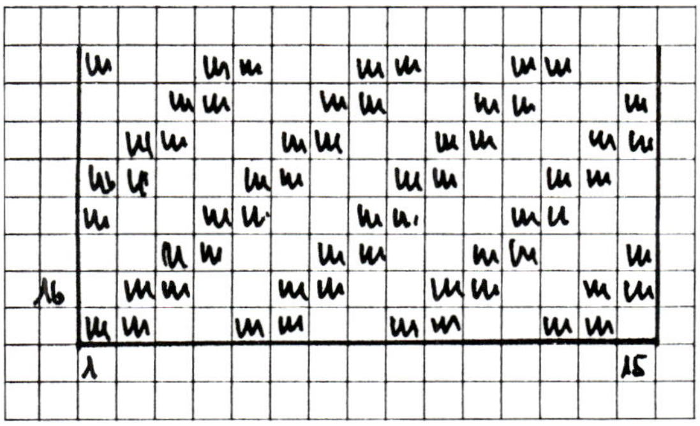

Auffädeln: 2 [ ], 2 [■]
Farbrapport: 4
Umfang: 15

Muster 14:

Variationen:

14.1	2 A, 2 B, 2 A, 2 C (3 Farben) Farbrapport: 8
14.2	2 A, 2 B, 2 C, 2 D (4 Farben) Farbrapport: 8
14.3	2 A, 2 B, 2 A, 2 C, 2 A, 2 D, 2 A, 2 E (5 Farben) Farbrapport: 16

Umfang alle 3 Variationen: 15

Muster 14.1:

Beispiel 15

Entwurf:

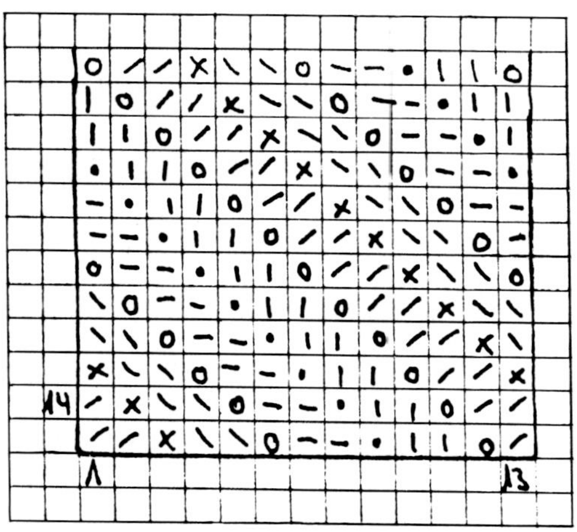

Muster:

Auffädeln:

1 [○], 2 [|], 1 [•], 2 [-]
1 [○], 2 [\], 1 [×], 2 [/]

Farbrapport: 12
(13 x gezeichnet)
Umfang: 13

Beispiel 16

Entwurf:

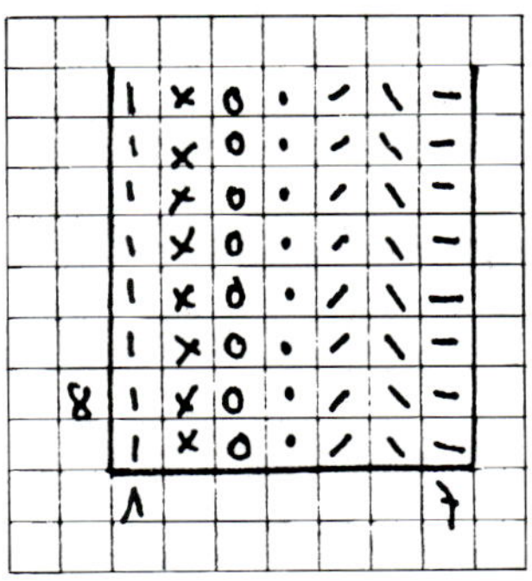

Muster:

Auffädeln: 1 [–], 1 [\], 1 [/], 1 [•], 1 [○], 1 [×], 1 [|]

Farbrapport: 7
(8 x gezeichnet)
Umfang: 7

Beispiel 17

Entwurf:

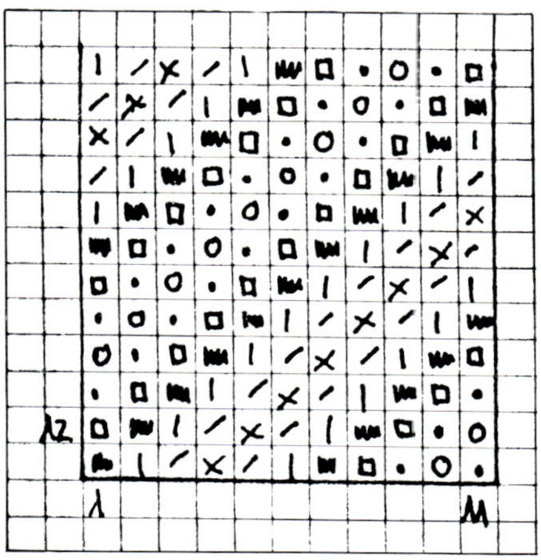

Muster:

Auffädeln: 1 [□], 1 [•], 1 [○], 1 [•], 1 [□], 1 [≋], 1 [|], 1 [/], 1 [×], 1 [/], 1 [|], 1 [≋]

Farbrapport: 12
(11 x gezeichnet)
Umfang: 11

Beispiel 18

Entwurf:

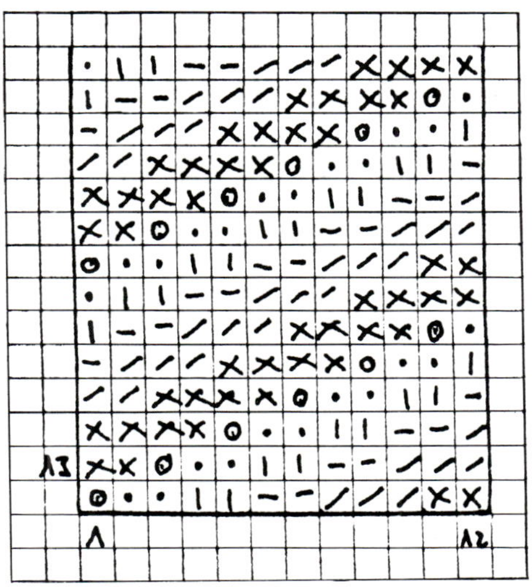

Auffädeln: 4 [×], 3 [/], 2 [–], 2 [|], 2 [•], 1 [○]

Farbrapport: 14 (12 x gezeichnet)
Umfang: 12

Muster:

Beispiel 19

Entwurf:

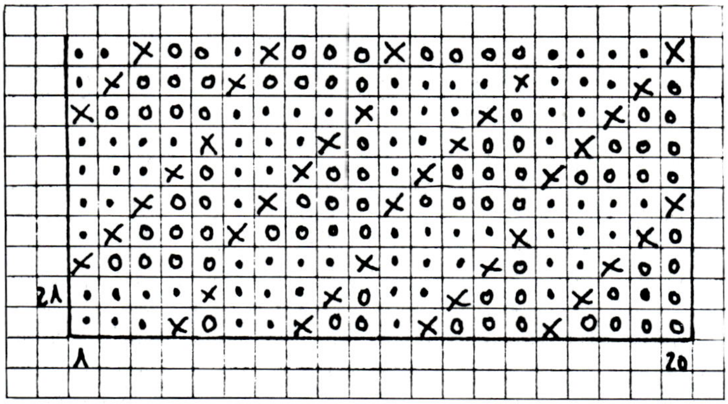

Auffädeln: 1 [×], 4 [•], 4 [○], 1 [×],
3 [○], 1 [×], 1 [•], 2 [○],
1 [×], 2 [•], 1 [○], 1 [×], 3 [•],

Farbrapport: 25
(8 x gezeichnet)
Umfang: 20

Muster:

Beispiel 20

Entwurf:

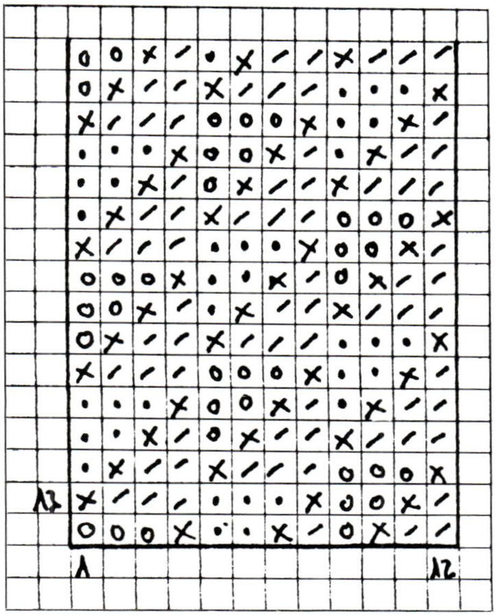

Auffädeln:

3 [/], 1 [×],
2 [/], 1 [×], 1 [•],
1 [/], 1 [×], 2 [○],
1 [×], 3 [•],
3 [/], 1 [×],
2 [/], 1 [×], 1 [○],
1 [/], 1 [×], 2 [•],
1 [×], 3 [○]

Farbrapport: 32
(6 x gezeichnet)
Umfang: 12

Muster:

Beispiel 21

Entwurf:

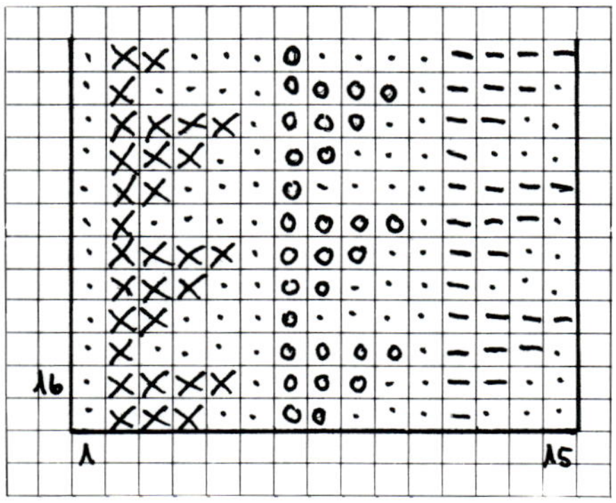

Muster:

Auffädeln:

4 [–], 4 [•], 1 [○], 3 [•],
2 [×], 2 [•], 3 [–], 1 [•],
4 [○], 4 [•], 1 [×], 3 [•],
2 [–], 2 [•], 3 [○], 1 [•],
4 [×], 4 [•], 1 [–], 3 [•],
2 [○], 2 [•], 3 [×], 1 [•]

Farbrapport: 60
(3 x gezeichnet)
Umfang: 15

Variante

Entwurf:

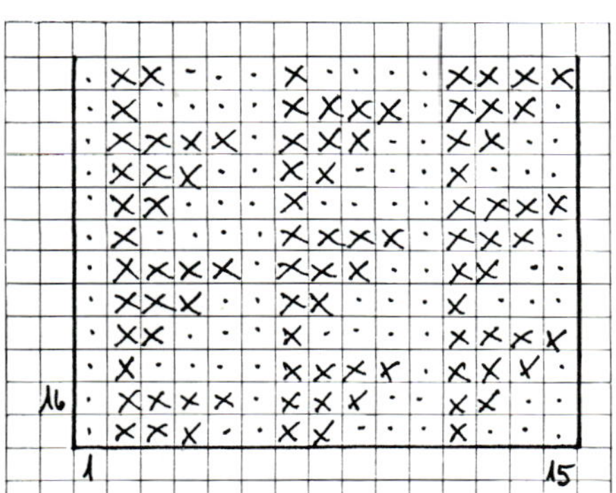

Auffädeln:

4 [×], 4 [•], 1 [×], 3 [•],
2 [×], 2 [•], 3 [×], 1 [•]

Farbrapport: 20
(9 x gezeichnet)
Umfang: 15

Beispiel 22 (Ableitung von Beispiel 21)

Entwurf:

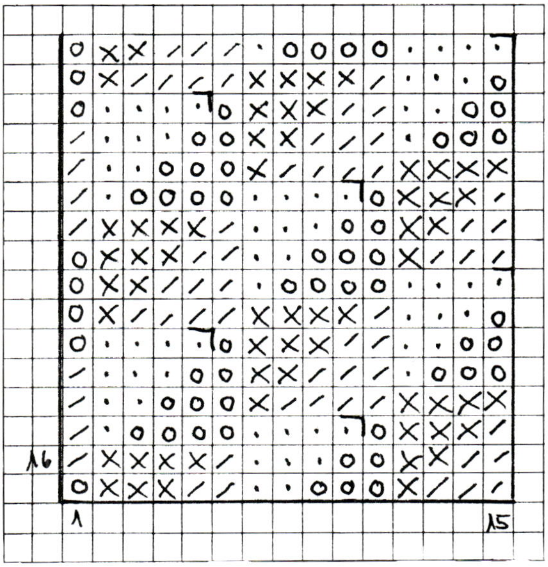

Auffädeln: 4 [•], 4 [○], 1 [•], 3 [/], 2 [×], 2 [○], 3 [•], 1 [/], 4 [×], 4 [/], 1 [×], 3 [○], 2 [•], 2 [/], 3 [×], 1 [○]

Farbrapport: 40
(6 x gezeichnet)
Umfang: 15

Muster:

Farbvariationen siehe Seite 65

Beispiel 23

Entwurf:

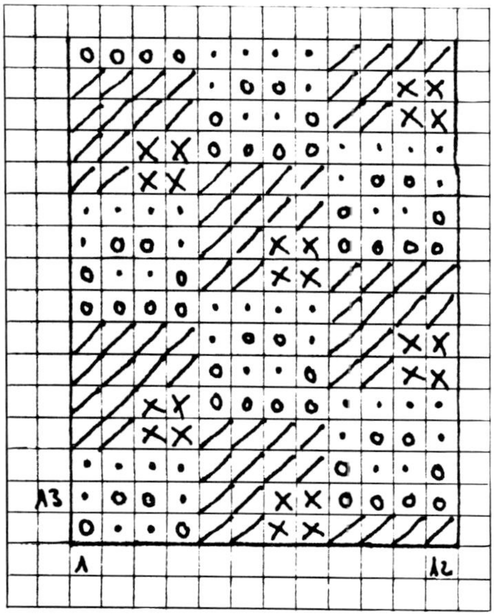

Auffädeln:

4 [/], 4 [•], 4 [○], 2 [×], 2 [/], 1 [•], 2 [○], 1 [•], 4 [/], 2 [×], 2 [/], 1 [○], 2 [•], 1 [○]

Farbrapport: 32
(6 x gezeichnet)
Umfang: 12

Muster:

Beispiel 24

Entwurf:

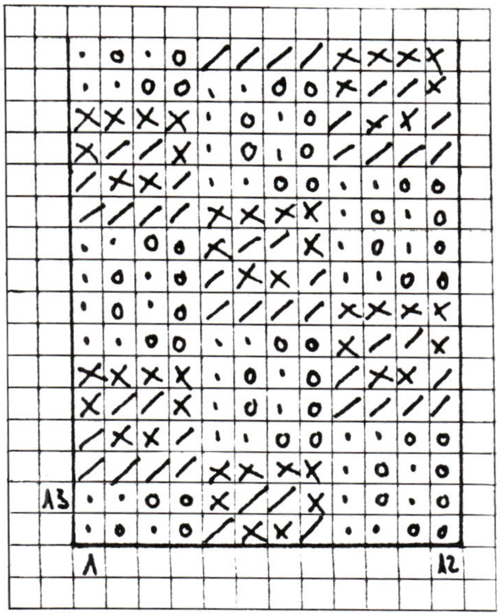

Auffädeln:

4 [×], 4 [/],
1 [○], 1 [•], 1 [○], 1 [•],
1 [×], 2 [/], 1 [×],
2 [○], 2 [•], 2 [○], 2 [•],
1 [/], 2 [×], 1 [/],
1 [○], 1 [•], 1 [○], 1 [•]

Farbrapport: 32
(6 x gezeichnet)
Umfang: 12

Muster:

Beispiel 25

Entwurf:

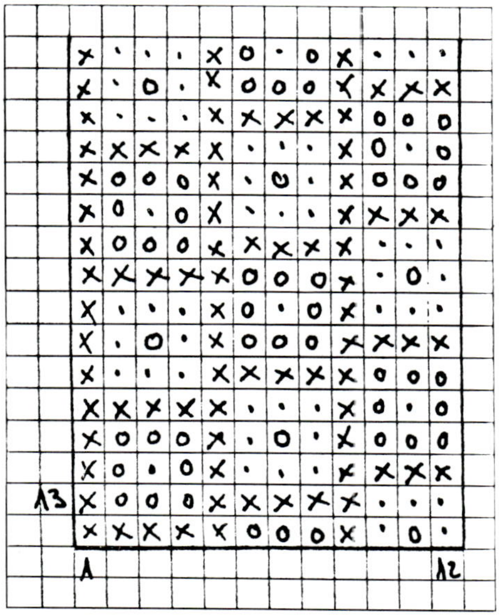

Auffädeln:

3 [•], 1 [×], 1 [○], 1 [•],
1 [○], 1 [×], 3 [•], 5 [×],
3 [○], 1 [×], 1 [•], 1 [○],
1 [•], 1 [×], 3 [○], 5 [×]

Farbrapport: 32
(6 x gezeichnet)
Umfang: 12

Muster:

Beispiel 26

Entwurf:

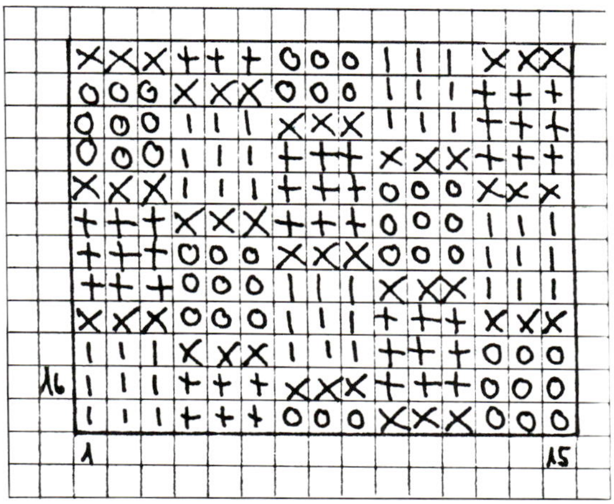

Auffädeln: 3 [×], 3 [|], 3 [○], 3 [+], 3 [×], 3 [+], 3 [|], 3 [○], 3 [×], 3 [○], 3 [+], 3 [|]

Farbrapport: 36
(5 x gezeichnet)
Umfang: 15

Muster:

Beispiel 27

Entwurf:

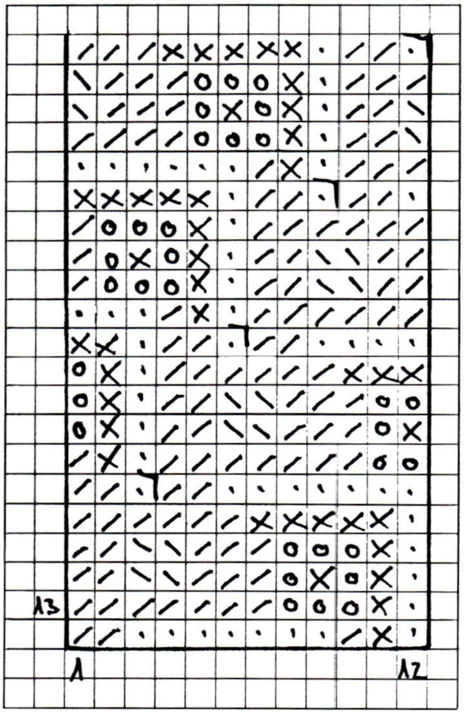

Muster:

Auffädeln:

1 [•], 2 [/], 1 [•], 5 [×],
6 [/], 1 [•], 1 [×], 3 [○],
3 [/], 2 [\], 2 [/], 1 [•],
1 [×], 1 [○], 1 [×], 1 [○],
3 [/], 2 [\], 2 [/], 1 [•],
1 [×], 3 [○], 7 [/], 1 [•],
1 [×], 1 [/], 7 [•], 2 [/]

Farbrapport: 63
(4 x gezeichnet)
Umfang: 12

Beispiel 28

Entwurf:

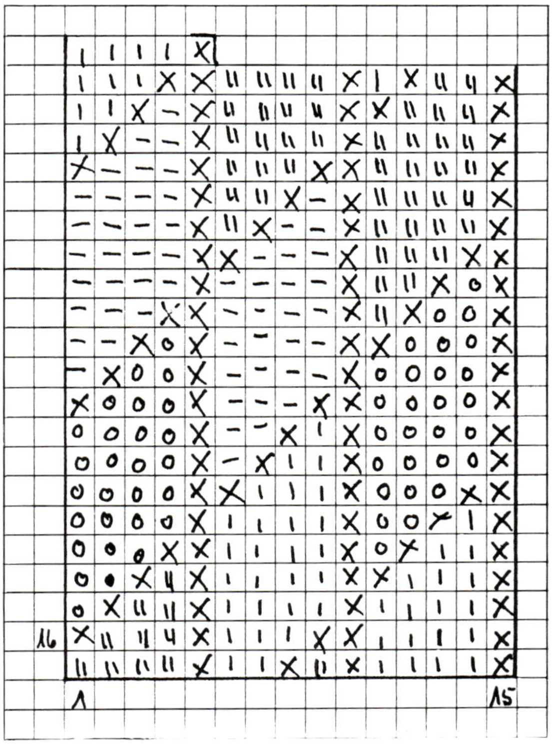

Auffädeln:
nach Entwurf

Farbrapport: 320
(1 x gezeichnet)
Umfang: 15

Muster:

Variante 28.1:

Entwurf: wie Beispiel 28, aber
[|], [||], [–], [○] gleiche Farbe [•]

Auffädeln 1 [×], 4 [•], 1 [×], 2 [•],
1 [×], 1 [•], 1 [×], 4 [•],
2 [×], 3 [•], 1 [×], 3 [•],
2 [×], 4 [•], 1 [×], 1 [•],
1 [×], 2 [•], 1 [×], 4 [•]

Farbrapport: 40
(8 x gezeichnet bei Bsp. 28)
Umfang: 15

Beispiel 29

Entwurf:

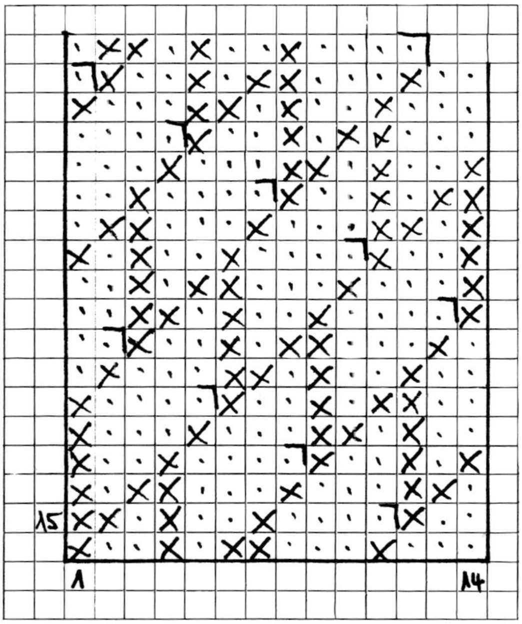

Auffädeln:

4 [•], 1 [×], 2 [•], 1 [×],
1 [•], 2 [×], 3 [•], 1 [×],
3 [•], 2 [×], 1 [•], 1 [×],
2 [•], 1 [×]

Farbrapport: 25
(10 x gezeichnet)
Umfang: 14

Muster:

Beispiel 30

Entwurf:

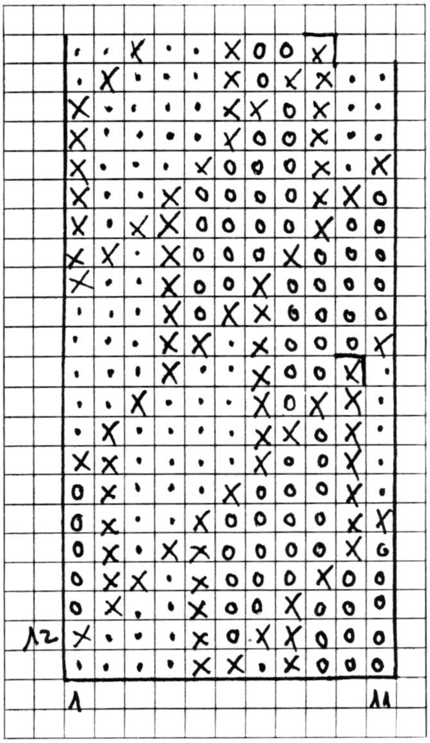

Muster:

Auffädeln:	nach Entwurf
	Farbrapport: 120 (2 x gezeichnet) Umfang: 11

Beispiel 31

Entwurf:

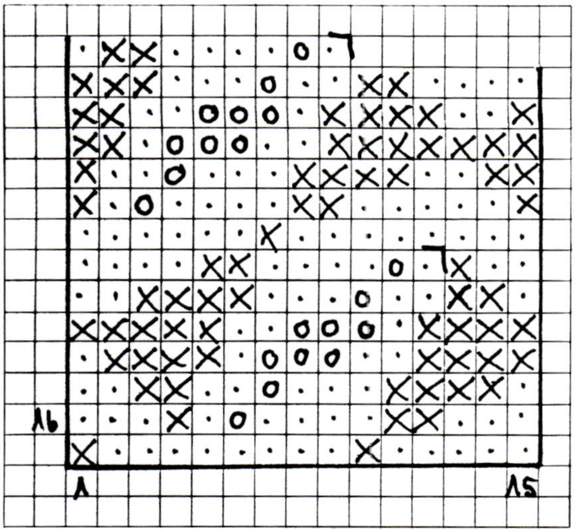

Auffädeln: nach Entwurf

Farbrapport: 102
(2 x gezeichnet)
Umfang: 15

Muster:

Beispiel 32

Entwurf:

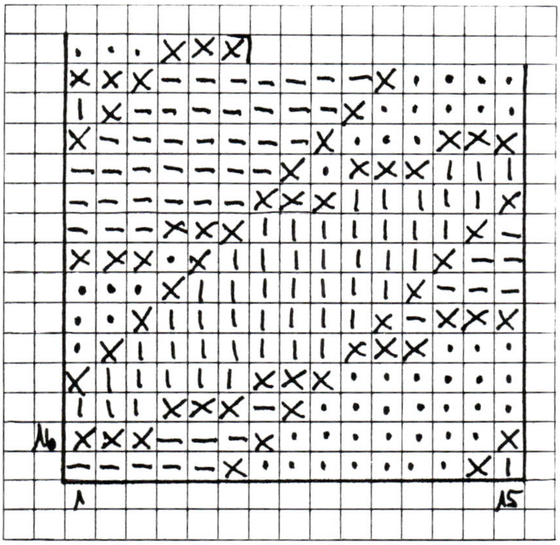

Auffädeln:
nach Entwurf

Farbrapport: 216
(1 x gezeichnet)
Umfang: 15

Muster:

Beispiel 33

Entwurf:

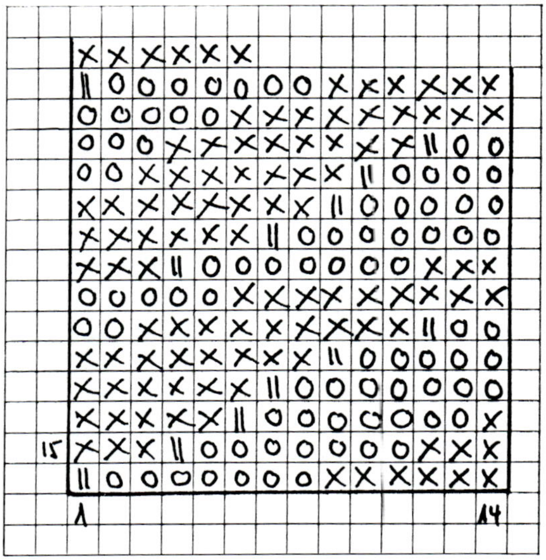

Auffädeln:

12 [×], 7 [○], 1 [‖],
9 [×], 7 [○], 1 [‖],
8 [×], 7 [○], 1 [‖],
7 [×], 7 [○], 1 [‖],
8 [×], 7 [○], 1 [‖],
9 [×], 7 [○], 1 [‖]

Farbrapport: 101
(2 x gezeichnet)
Umfang: 14

Muster:

Farbvariante siehe Seite 71

Beispiel 34

Entwurf:

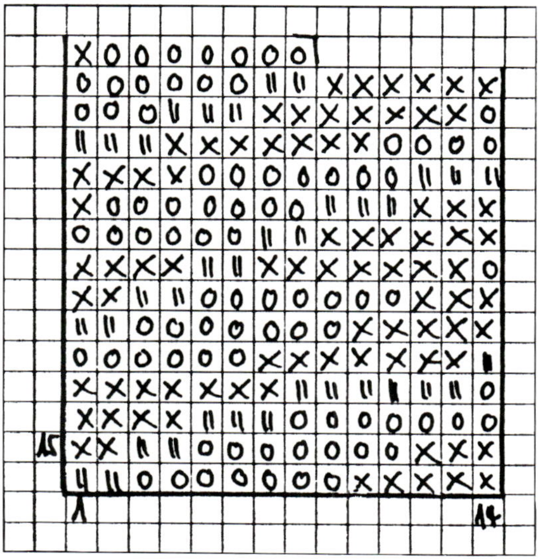

Muster:

Auffädeln:

7 [○], 7 [×], 2 [∥],
7 [○], 7 [×], 3 [∥],
7 [○], 7 [×], 6 [∥],
7 [○], 7 [×], 3 [∥],
7 [○], 7 [×], 2 [∥],
7 [○], 7 [×], 2 [∥],

7 [×], 7 [○], 2 [∥],
7 [×], 7 [○], 3 [∥],
7 [×], 7 [○], 6 [∥],
7 [×], 7 [○], 3 [∥],
7 [×], 7 [○], 2 [∥],
7 [×], 7 [○], 2 [∥]

Farbrapport: 204
(1 x gezeichnet)
Umfang: 14

Beispiel 35

Entwurf:

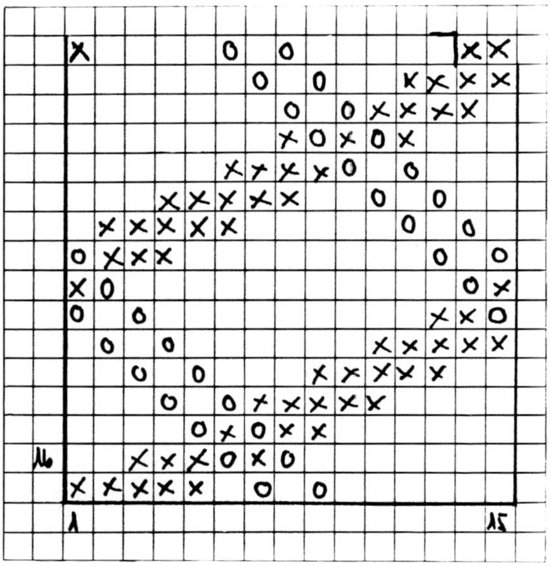

Muster:

Auffädeln: nach Entwurf

Farbrapport: 238
(1 x gezeichnet)
Umfang: 15

Beispiel 36

Entwurf:

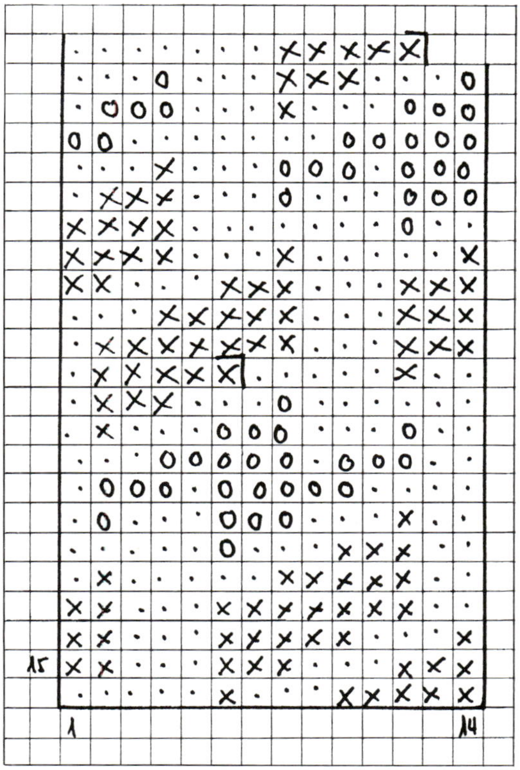

Muster:

Auffädeln: nach Entwurf

Farbrapport: 160
(2 x gezeichnet)
Umfang: 14

Beispiel 37

Entwurf:

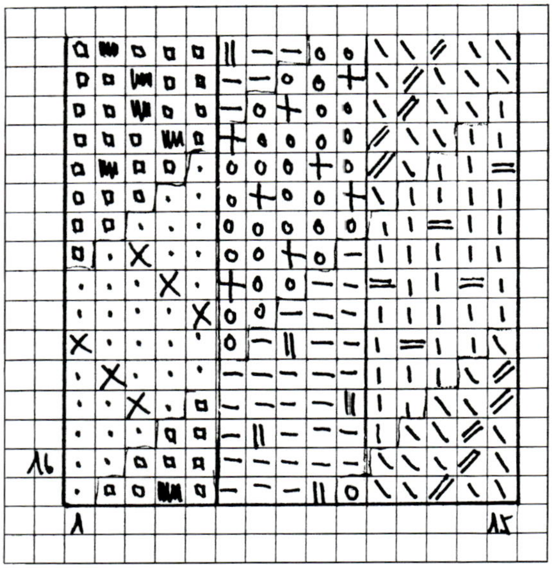

Muster:

Auffädeln:	nach Entwurf
	Farbrapport: 240 (1 x gezeichnet) Umfang: 15

Beispiel 38

Entwurf:

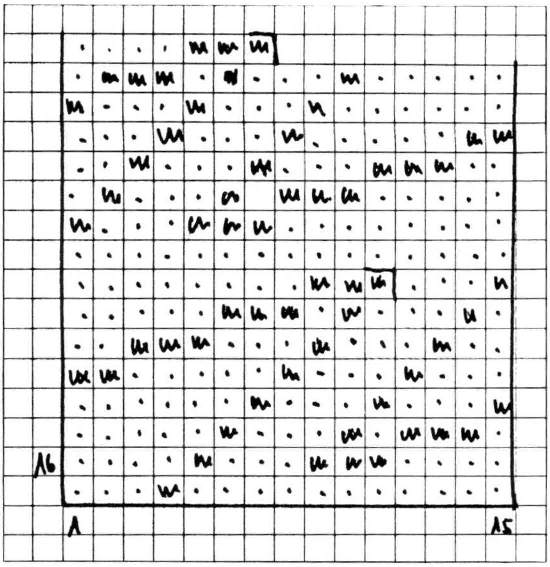

Auffädeln:
nach Entwurf

Farbrapport: 116
(2 x gezeichnet)
Umfang: 15

Muster:

Beispiel 39

Entwurf:

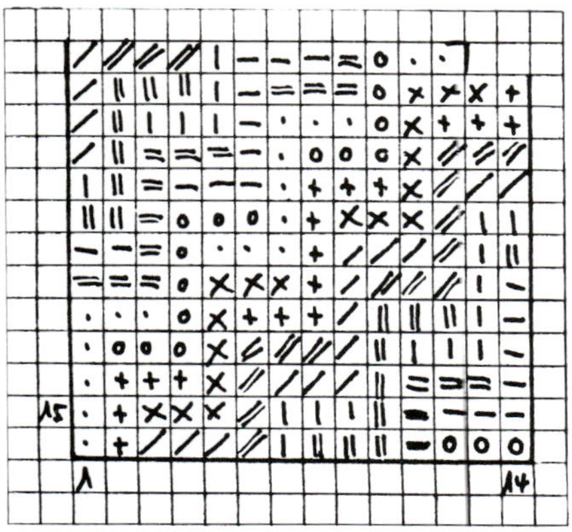

Auffädeln:
nach Entwurf

Farbrapport: 90
(2 x gezeichnet)
Umfang: 14

Muster:

Beispiel 40

Entwurf:

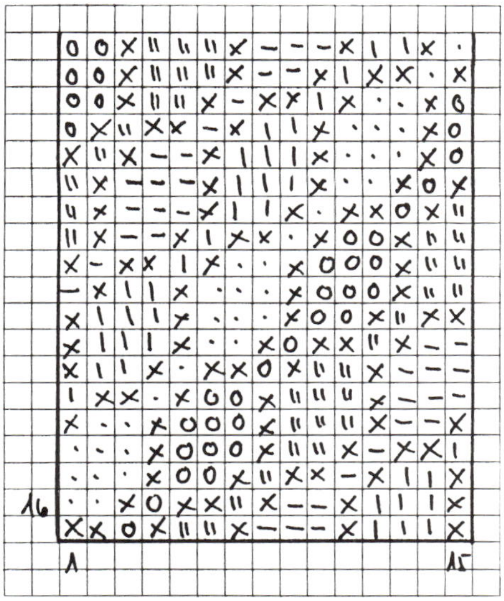

Auffädeln:
nach Entwurf

Farbrapport: 95
(3 x gezeichnet)
Umfang: 15

Muster:

Beispiel 41

Entwurf:

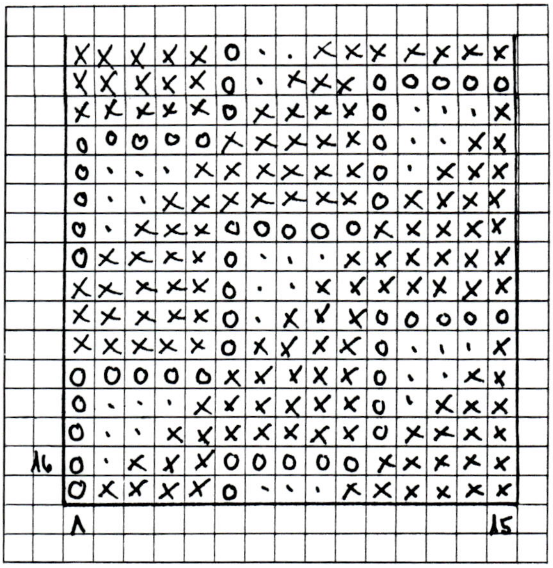

Muster:

Auffädeln:

7 [×], 2 [•], 1 [○],
5 [×], 5 [○],
3 [×], 1 [•], 1 [○],
6 [×], 3 [•], 1 [○],
4 [×], 1 [○]

Farbrapport: 40
(6 x gezeichnet)
Umfang: 15

Beispiel 42

Entwurf:

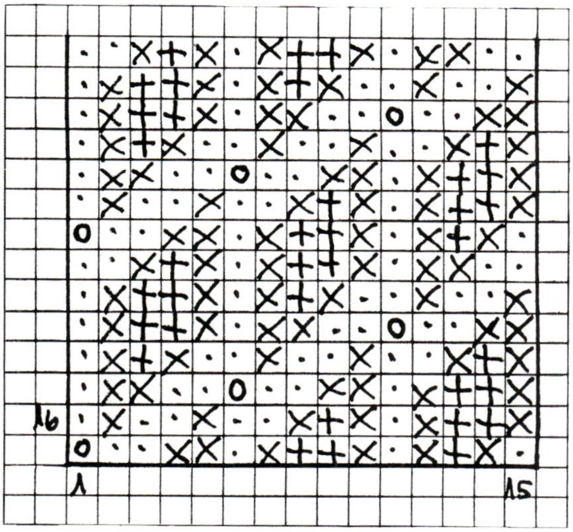

Muster:

Auffädeln: nach Entwurf

Farbrapport: 35
(6 x gezeichnet)
Umfang: 15

Ideen für individuelle Ketten und eigene Entwürfe

Willkürlich gemischte Glasperlen.
Entweder Ton in Ton oder mit Farbakzenten.

Uni-Abschnitte in unterschiedlichen Längen aneinanderfügen.

(Der kleine Absatz beim Farbübergang ist durch das Arbeiten in einer Spirale verursacht und nicht vermeidbar.)

Entwurfsmethoden für individuelle Ketten

- Eine Kette oder einen Teil davon uni weiß häkeln. Mit Filzstiften Muster auf die Perlen aufzeichnen. Die Kette auflösen und die farbigen Perlen entsprechend auffassen (sehr aufwendig).

- Für einfache Muster: Grundmuster erweitern und farblich gestalten.

- Entwurf auf kariertem Papier.
  (Kapitel „Darstellung der Muster“ und „Auffassen der Perlen“ durchlesen!)

Auf Rapport achten: Meistens muß nur ein Teil der Kette gezeichnet werden.

Individuelle Entwürfe

– Regelmäßig verteilte Streumuster.

– Freie, unregelmässig verteilte Muster mit kleinen, geometrischen Figuren.

Einige Ideen für Streumuster und eine Abbildung einer ausgeführten Kette finden Sie auf der nächsten Seite.

Beim Entwerfen immer schräge Abweichung nach links beachten!

Individuelle Entwürfe

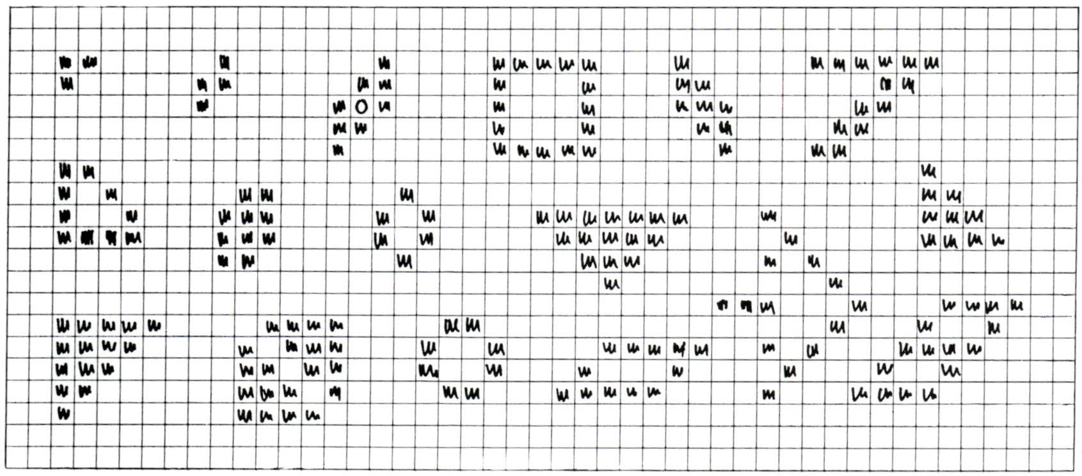

Individuelle Entwürfe

- Spiralmuster vor- und zurückgehend
  (Ansätze bei den Grundmustern.)

- Spiralmuster abwechselnd mit Uni-Teilen und / oder Rauten
  (auch verschiedene Größen).

Beide „Schrägen“ neben- oder nacheinander.

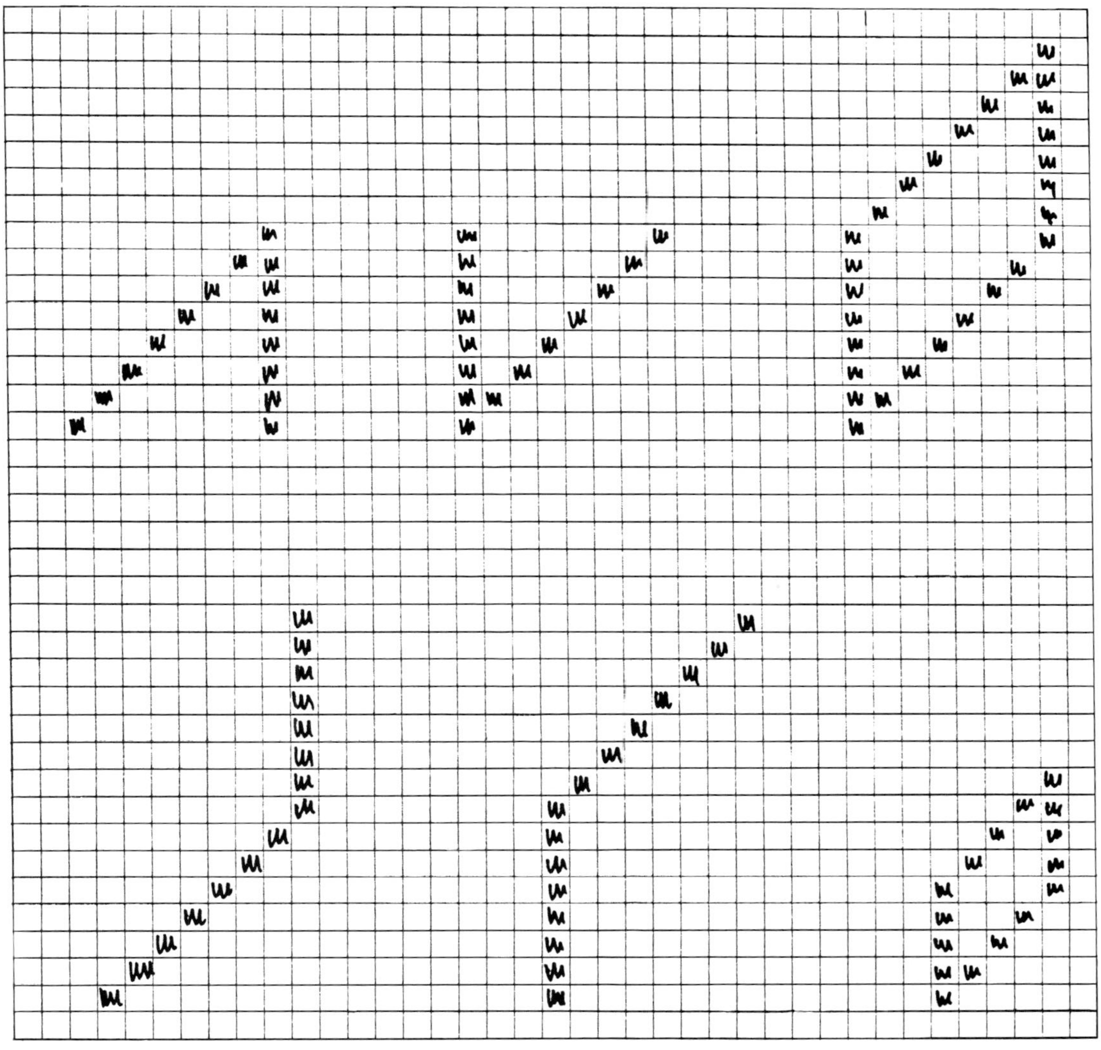

Mehrere, verschiedene Muster aneinanderreihen.

Individuelle Entwürfe

An einer regelmäßig steigenden Linie Verzierungen anbringen.

Achtung auf Anschlüße!

Siehe bei „Darstellung der Muster“ Seite 20.

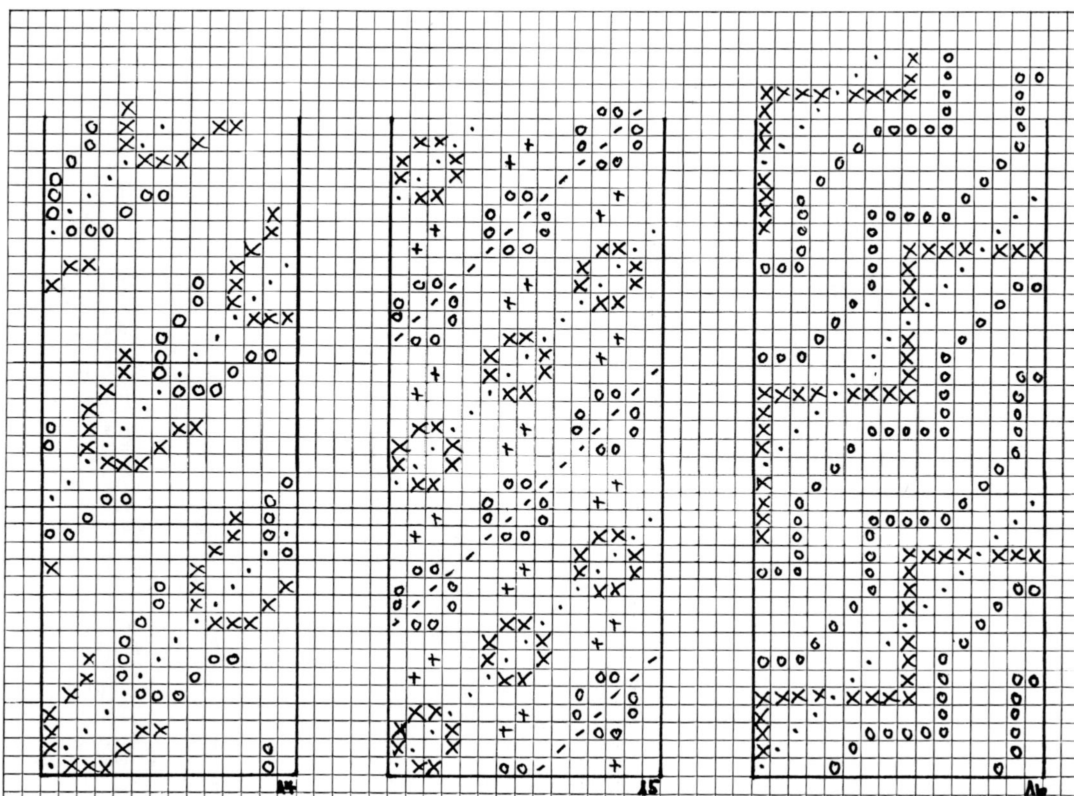

Im hintersten Teil des Buches finden Sie „Grundlinien“ für verschiedene Umfänge.

Individuelle Entwürfe

Variationen zu bekannten Mustern:

- Durch andere Farbgebung, andere Farbverteilung.
- Durch stärkeren, schwächeren, anderen Hell-Dunkel-Kontrast.
- Durch Setzen von Konturen.
- Durch das Zusammenfügen oder Aufteilen von Flächen.
- Durch Änderung des Umfangs.

  (Ich habe schon gute Erfahrungen gemacht bei Entwürfen, die in der ursprünglichen Aufzeichnung unbefriedigend waren. Beispiel 36 ist so entstanden.)

Farbvariationen zu Beispiel 22:

Individuelle Entwürfe

Varianten zu Beispiel 42

Leere Quadrate entsprechen der Grundfarbe.

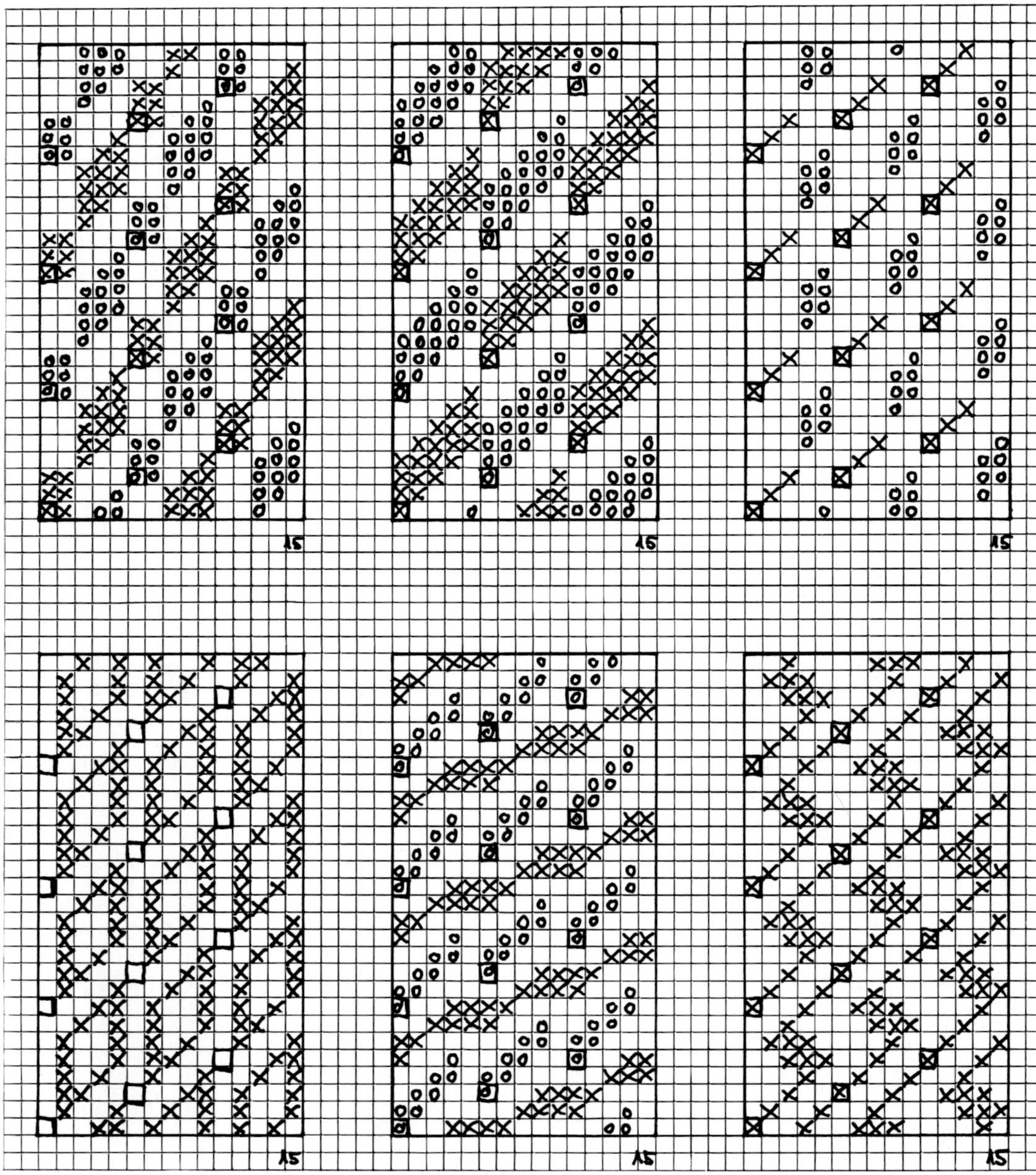

Individuelle Entwürfe

Durchgehende Muster (frei gestalten)

Auf schöne, „saubere“ Anschlüße achten:

Da wir in Spiralen arbeiten, sind für einwandfreie Übergänge nur Muster mit Steigung möglich.

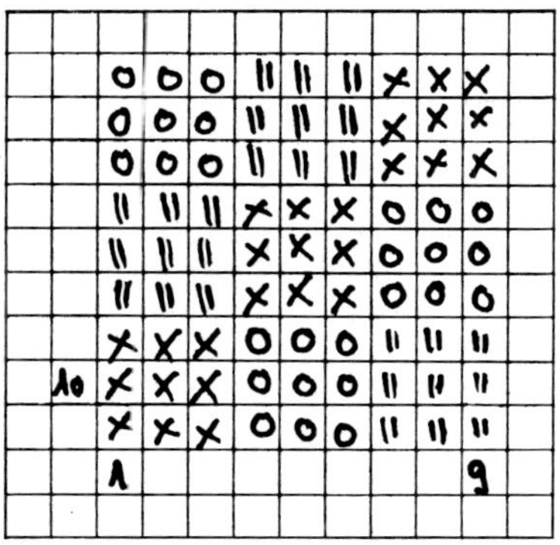

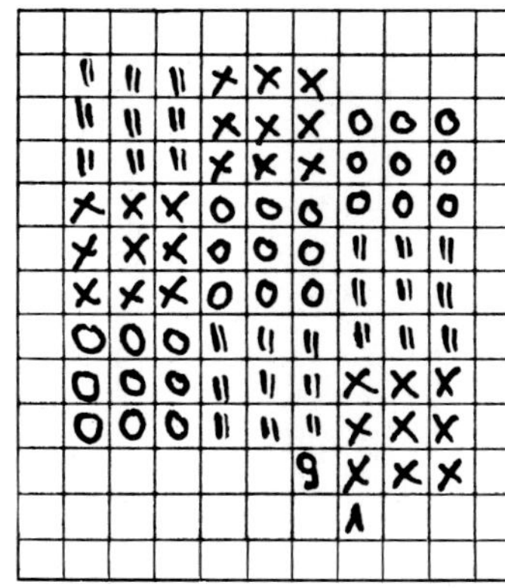

Anschluß unbefriedigend, da Perle 1 und 9 versetzt sind.

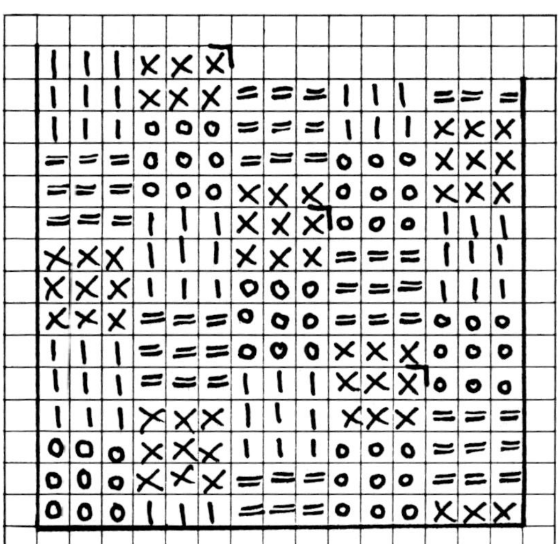

„9-er Blöckli“ mit Steigung 1 und 15 Perlen Umfang gibt einwandfreien Anschluß.

Individuelle Entwürfe

Durchgehende Muster

- Durch Pröbeln auf kariertem Papier herausfinden, was geht.
- Durch Aufzeichnen herausfinden, ob ein anderer Umfang geeigneter ist.
- Bei regelmäßigen Steigungen gilt folgende Regel:

Höhenrapport = Anzahl Steigungen + 1

Beispiel:
Umfang 15 Perlen, Steigung/Versetzung pro Reihe 1, Höhenrapport = 16 Umgänge

Als Musterungseinheit kommen also in Frage:
in der „Breite“ (Umfang) 15 oder 3 x 5 oder 5 x 3;
in der Höhe 16 oder 8 x 2 / 2 x 8 oder 4 x 4 oder 10 + 6 etc.

Individuelle Entwürfe

Beispiel mit langem Rapport
(ohne Anleitung)

(3 Beispiele ohne Anleitungen)

Individuelle Entwürfe

- Unregelmäßige Verschiebungen mit Rapport.
- Unregelmäßige Verschiebung und Farbumkehrung nach jedem Rapport.

Siehe Beispiele 33/34 und nachstehend abgebildete Variation zu Beispiel 33.

Sicher haben Sie Ihre eigenen Ideen und finden nach diesen Ihr persönliches Muster. Ich staune immer wieder, wenn ich in Ausstellungen oder in Läden auf gehäkelte Glasperlenketten stoße, wie viele verschiedene Effekte möglich sind.

Ich wünsche Ihnen viele vergnügliche Stunden beim Auslesen der Farben, beim Entwerfen der Muster, beim Pröbeln, Variieren, beim Häkeln und Fertigstellen und endlich beim Tragen Ihres Schmuckes.

Ich danke allen, die mich zu diesem Buch ermutigt haben.

Zürich, 1995.

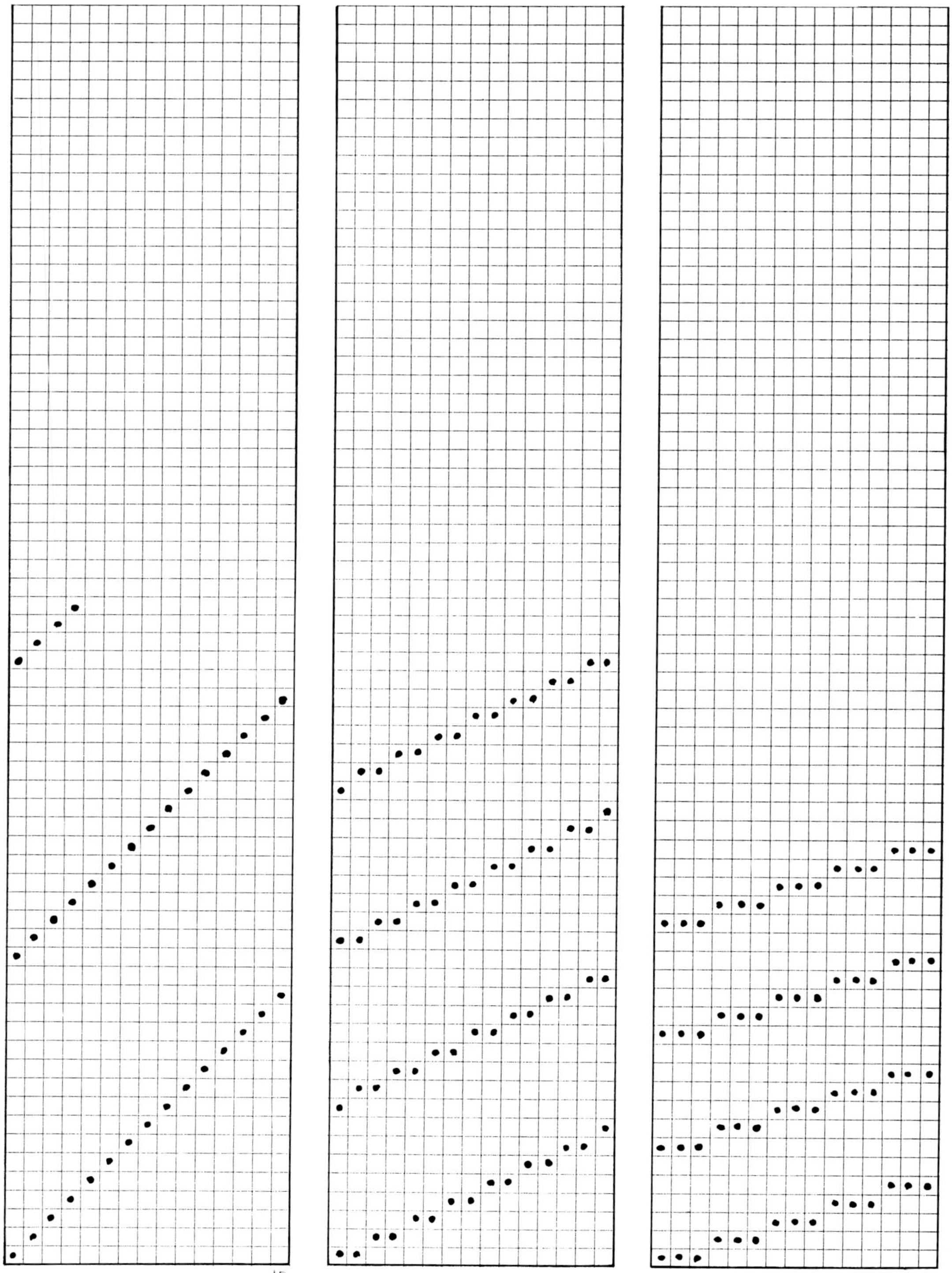

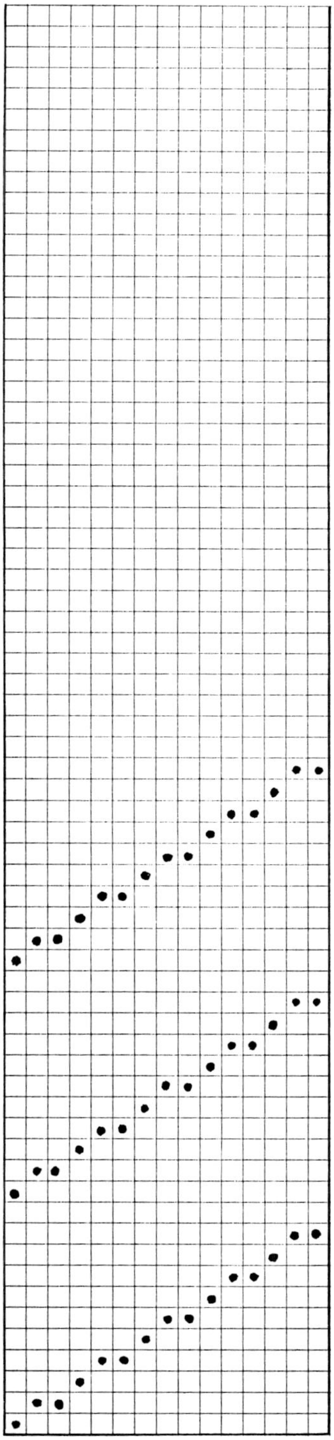

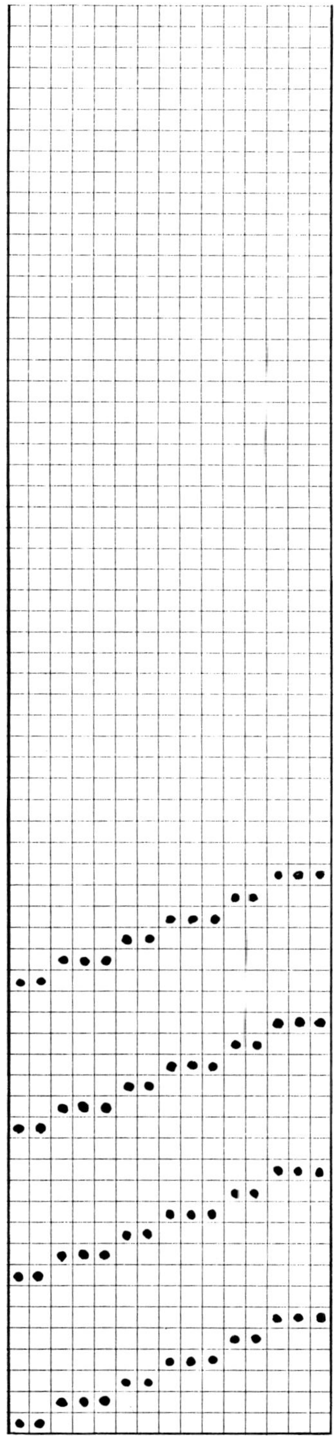

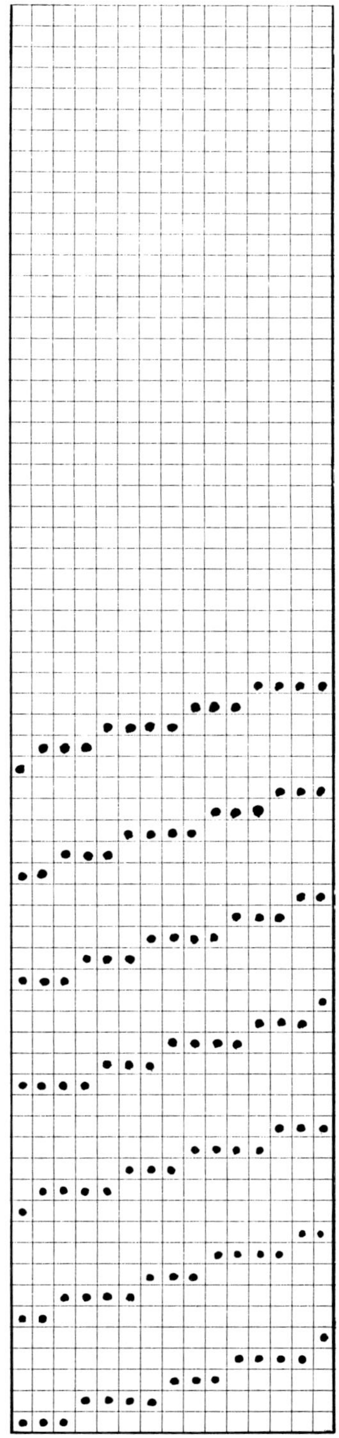

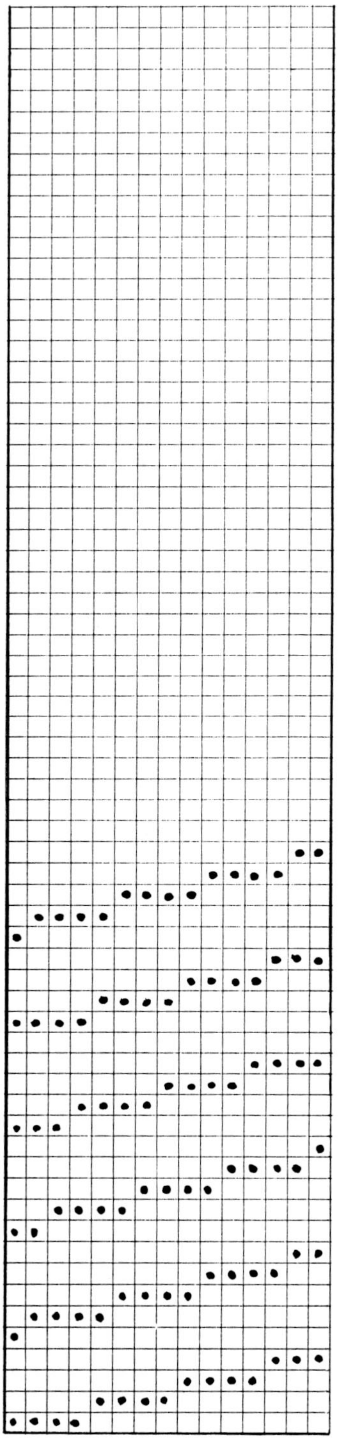

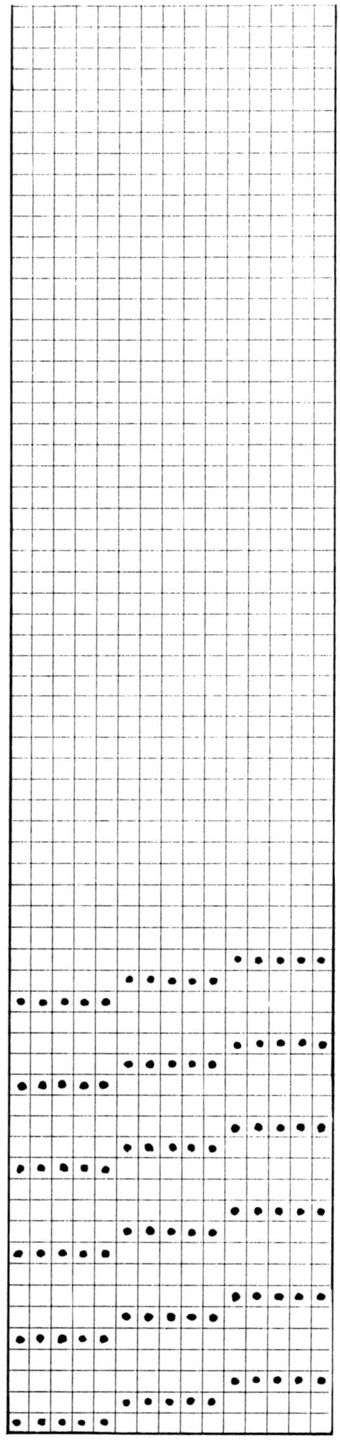

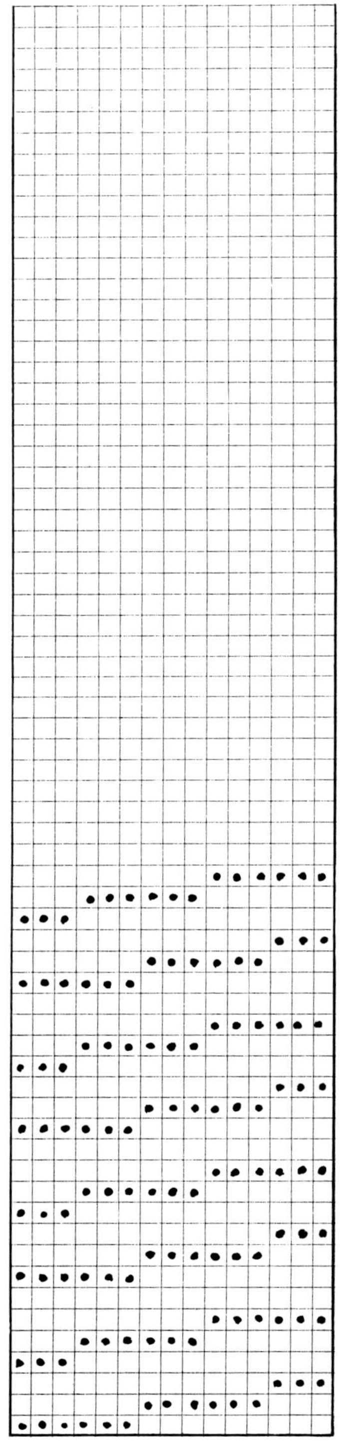

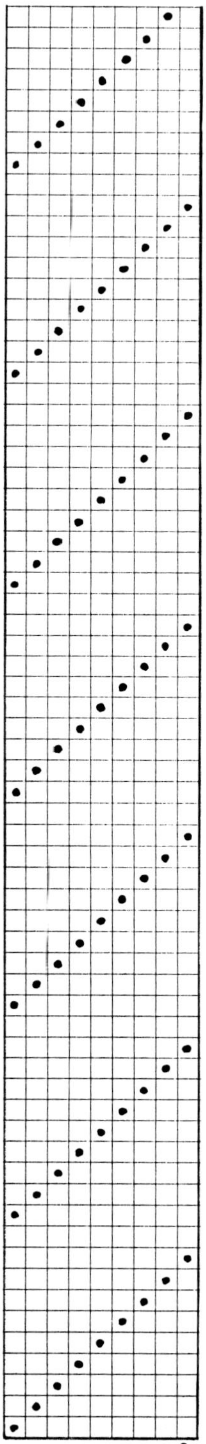

9

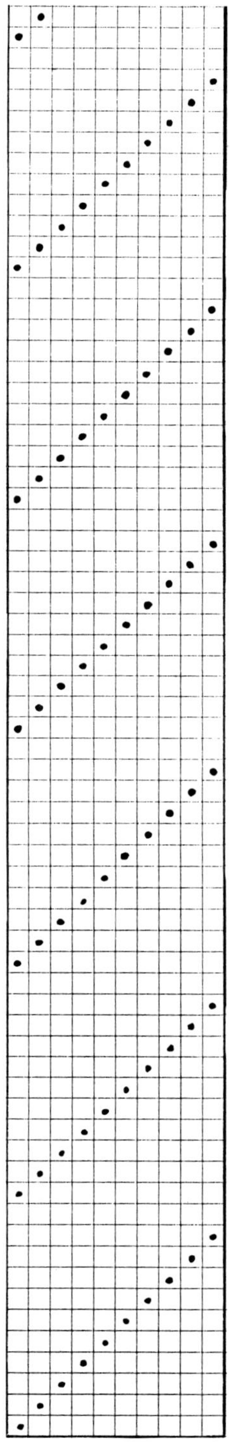

10

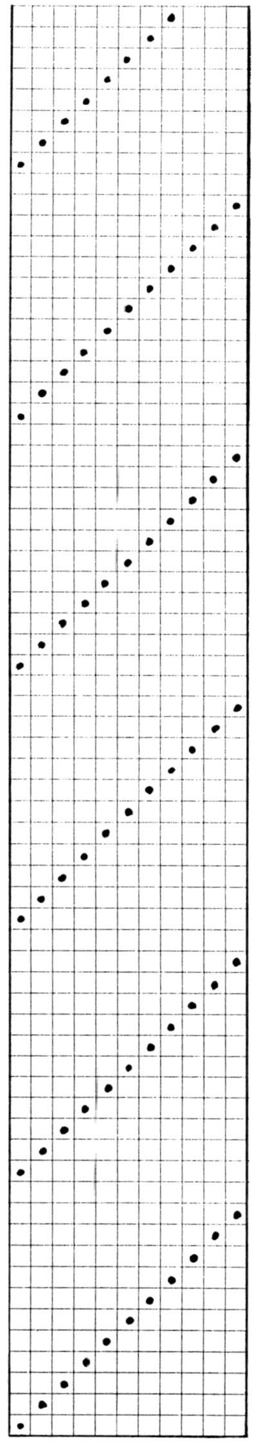

11

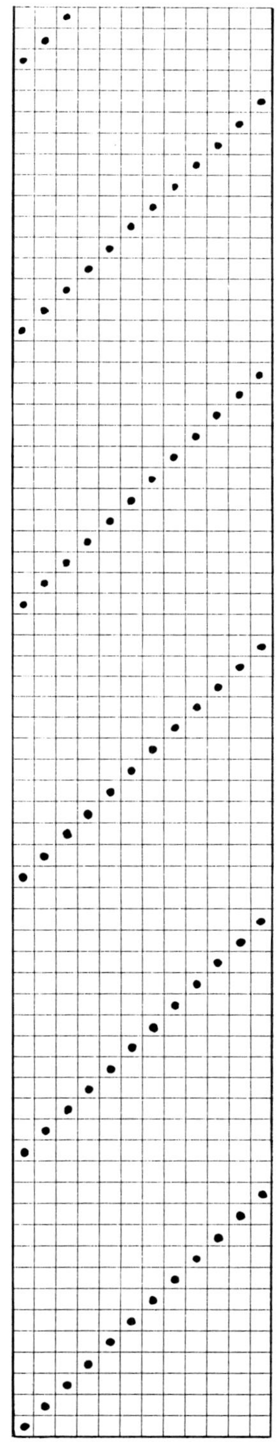

12

9

10

11

12

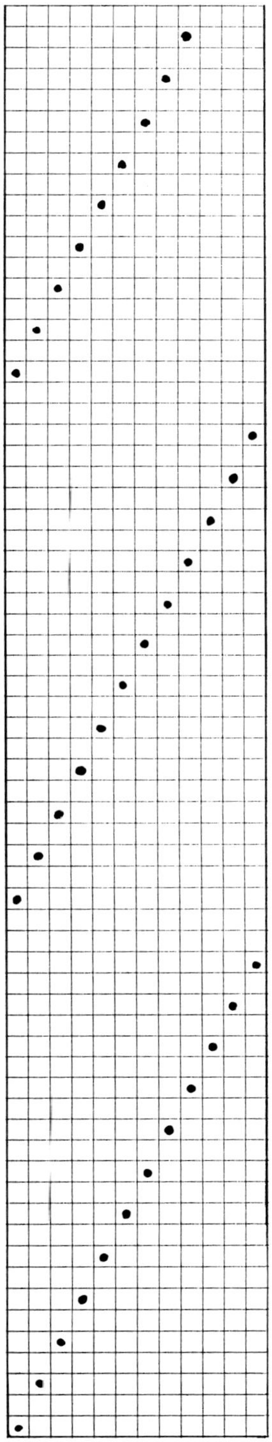

12

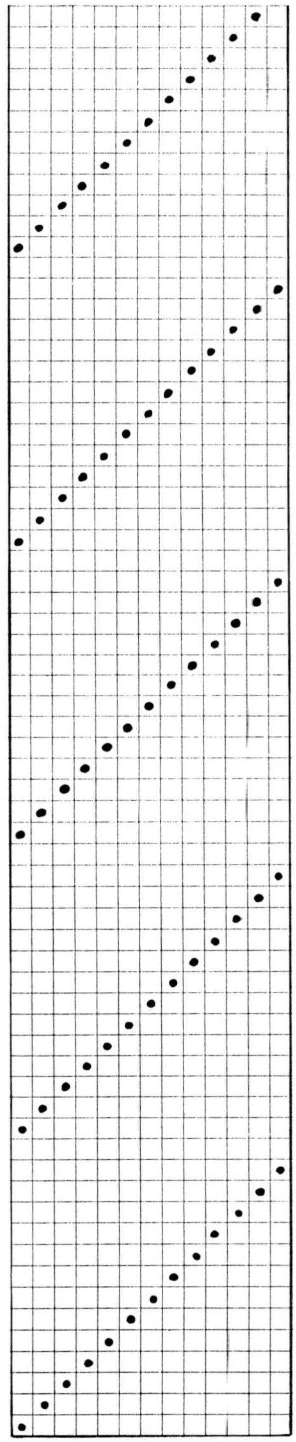

13

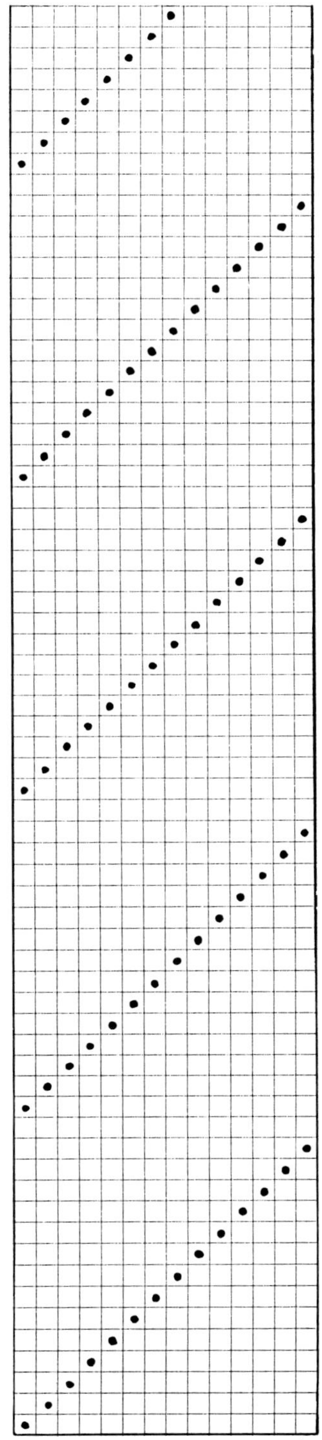

14

12

13

14

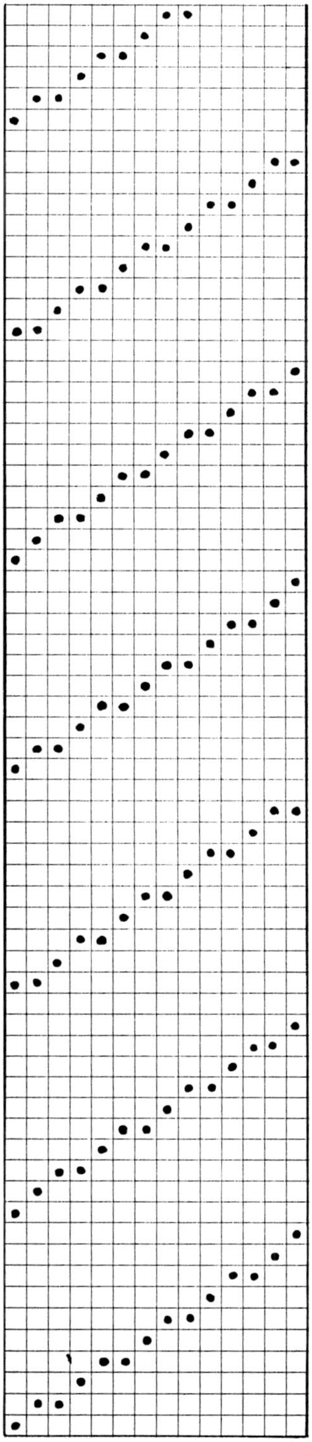

14

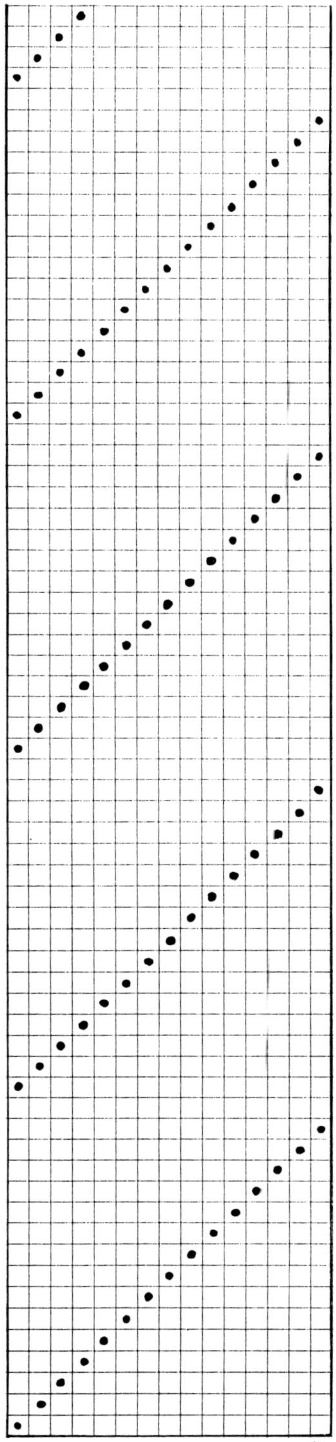

15

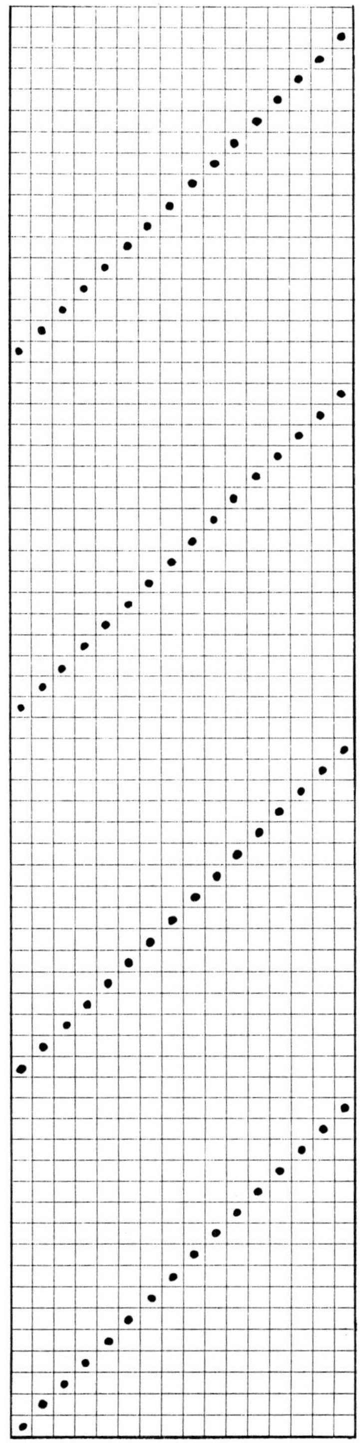

16

14

15

16